T0245775

THINKING 101

THINKING 101

WOO-KYOUNG AHN

LECCIONES PARA TRANSFORMAR
NUESTRA FORMA DE PENSAR

TENDENCIAS

Argentina – Chile – Colombia – España
Estados Unidos – México – Perú – Uruguay

Título original: *Thinking 101*
Editor original: Flatiron Books
Traducción: María Martos Ripoll

1.ª edición: septiembre 2023

ISBN: 978-84-92917-19-8
E-ISBN: 978-84-19699-08-4
Depósito legal: B-13.023-2023

Fotocomposición: Ediciones Urano, S.A.U.
Impreso por: Rodesa, S.A. – Polígono Industrial San Miguel
Parcelas E7-E8 – 31132 Villatuerta (Navarra)

Impreso en España – *Printed in Spain*

Para Marvin, Allison y Nathan.

ÍNDICE

INTRODUCCIÓN

Cuando era una estudiante de posgrado en la Universidad de Illinois en Urbana-Champaign y estudiaba psicología cognitiva, nuestro grupo de laboratorio solía salir a comer nachos y a beber cerveza. Era una gran oportunidad para poder preguntarle a nuestro tutor por cosas que no se nos ocurrirían en cualquiera de nuestras tutorías individuales más formales. En una de esas reuniones, junté el coraje para preguntarle algo que me había estado rondando la mente desde hacía tiempo: «¿Piensa que la psicología cognitiva puede mejorar el mundo?».

Sentí que mi pregunta estaba fuera de lugar; era un poco tarde para preguntarlo, puesto que ya había comprometido mi vida a esta área de estudio. Sin embargo, aunque ya había presentado mis descubrimientos en conferencias sobre ciencias cognitivas internacionales y estaba a punto de publicarlos en prestigiosas revistas de psicología, había estado teniendo dificultades al explicar a mis amigos del instituto las implicaciones que tendría mi trabajo en la vida real. Ese mismo día, tras esforzarme por leer un artículo en el que el primer objetivo de los autores parecía ser presumir de lo inteligentes que eran al abordar un problema enrevesado que no existía en realidad, con algo de ayuda de la cerveza, terminé reuniendo el coraje para formular la pregunta.

Nuestro tutor era conocido por ser poco claro. Si le preguntaba «¿Debería hacer A o B en el siguiente experimento?», o bien respondía con un críptico «Sí», o bien te contestaba con otra pregunta «¿Qué piensa usted?». Esta vez le había planteado una pregunta de respuesta simple, sí o no, así que optó por contestar con un escueto: «Sí». Mis compañeros de laboratorio y yo estuvimos sentados en silencio durante lo que parecieron ser cinco minutos, a la espera de que justificara su respuesta, pero eso fue todo lo que dijo.

A lo largo de los siguientes treinta años, he intentado contestar yo misma a esa pregunta centrándome en problemas que, espero, puedan aplicarse en la vida real. En mi investigación en la Universidad de Yale, donde trabajo como profesora de piscología desde 2003, he examinado algunos de los sesgos que pueden llevarnos por el mal camino y he desarrollado estrategias para corregirlos de manera que sean directamente aplicables a situaciones que la gente puede encontrarse en su día a día.

Además de los sesgos específicos que he elegido investigar, también he explorado un abanico de otros «problemas del pensamiento» reales que pueden resultar problemáticos para mí y para aquellos que me rodean: estudiantes, amigos, familia. Analicé cómo mis alumnos procrastinan porque subestiman el esfuerzo de hacer una tarea en el futuro en comparación a lo que les supone hacerla ahora mismo. Escuché a una estudiante que me contó cómo un médico la había diagnosticado mal porque solo le hacía preguntas orientadas a confirmar su hipótesis original. Tomé conciencia de la infelicidad de la gente que se culpa a sí misma de todos sus problemas porque solo ven un lado de la realidad, y de la infelicidad causada por otra gente que nunca se siente culpable de nada. Fui testigo de la frustración de parejas que pensaban que se comunicaban de manera perfectamente clara, pero que, de hecho, no se entendían en absoluto.

Y también observé cómo los «problemas del pensamiento» pueden causar problemas que van más allá de la vida de los individuos. Estos errores y sesgos fundamentales contribuyen a un amplio abanico de problemas de carácter social, entre los que se incluyen la polarización política, la contribución al cambio climático, la evaluación por perfiles étnicos, los tiroteos policiales y casi cualquier otro problema que se fundamente en estereotipos y prejuicios.

Diseñé una asignatura llamada «Thinking» [Pensamiento] para enseñar a los estudiantes cómo la psicología puede ayudarles a reconocer y abordar algunos de estos problemas reales y tomar mejores decisiones acerca de sus vidas. Tuvo que cubrir una necesidad real, porque, solo en 2019, más de 450 alumnos se apuntaron. Parecía que estaban ansiosos por obtener el tipo de guía que la psicología podía proporcionar, y se lo contaban unos a otros. Entonces me di cuenta de una cosa curiosa: cuando me presentaron a las familias de los estudiantes que estaban visitando el campus, muchos solían contarme cómo los alumnos de mi asignatura llamaban a sus casas para contarles cómo estaban aprendiendo a enfrentarse a sus problemas, y que algunos hasta habían empezado a aconsejar a otros miembros de su familia, incluso a sus padres. Mis compañeros me contaban que habían escuchado hablar a los estudiantes en el comedor debatiendo de manera apasionada sobre las implicaciones de algunos de los experimentos que se abordaban en la asignatura. Cuando hablaba con gente externa a mi profesión sobre los problemas que se abordaban en el curso, me preguntaban dónde podían aprender más sobre el tema. Todo esto indicaba que la gente realmente quería y necesitaba este tipo de herramientas, así que decidí escribir un libro para poder acercar estas lecciones a más gente.

Elegí ocho temas que para mí eran los más relevantes para los problemas diarios a los que mis estudiantes y otra gente (yo incluida) nos enfrentamos. Cada capítulo está dedicado a uno de ellos, y aunque me refiero a material de todo el libro cuando es pertinente, los capítulos están escritos de manera que pueden leerse en cualquier orden.

A pesar de que hablo sobre errores y sesgos en el pensamiento, este libro no trata sobre lo que tiene de malo la gente. Los

«problemas de pensamiento» suceden porque estamos programados de formas muy particulares y, en ocasiones, por buenas razones. Los errores al razonar suelen ser, en su mayoría, consecuencia
de nuestra cognición sobreevolucionada, que es la que nos ha
permitido llegar hasta aquí como especie y sobrevivir y desarro-
llarnos en el mundo. Como resultado de esto, las soluciones a
estos problemas no siempre son sencillas de alcanzar. De hecho,
cualquier intento de eliminar los sesgos supone un reto bastante
notorio.

Además, si queremos evitar estos errores y sesgos, no basta
con que aprendamos lo que son y anotemos mentalmente que
tenemos que intentar no cometerlos. Es como el insomnio;
cuando sucede, sabes perfectamente cuál es el problema: que no
puedes dormir bien, pero decirles a las personas que sufren insomnio que deberían dormir más nunca será una solución para
ello. De igual forma, aunque puede que estés familiarizado con
algunos de los sesgos sobre los que se habla en este libro, tenemos que proporcionar prescripciones que vayan más allá de un
simple «No hagas esto». Afortunadamente, como un número
cada vez mayor de estudios atestiguan, existen estrategias realistas que podemos adoptar para razonar mejor. Estas estrategias
también pueden ayudarnos a descifrar qué cosas no podemos
controlar e incluso enseñarnos cómo soluciones que al principio
pueden parecernos prometedoras pueden terminar siendo con-
traproducentes.

Este libro se basa en investigaciones científicas, la mayoría
llevadas a cabo por otros psicólogos cognitivos, pero también en
algunas que yo misma he realizado. Muchos de los estudios que
cito son considerados clásicos que han sobrevivido al paso del
tiempo; mientras que otros representan las últimas conclusiones
a las que se ha llegado en este ámbito. Al igual que hago en mi
clase, para ilustrar cada uno de los temas a tratar, pongo una serie
de ejemplos que obtengo de distintos ámbitos de nuestra vida.

Así que, volviendo a la pregunta que le hice a mi tutor años atrás: «¿Puede la psicología cognitiva mejorar el mundo?», cada vez estoy más convencida de que la respuesta es la misma que mi tutor me dio de forma tan acertada: «Sí». Por supuesto que sí.

1

LO FASCINANTE DE LA FLUIDEZ:

Por qué las cosas parecen tan sencillas

Con 450 asientos, el Auditorio Levinson es una de las salas de conferencias más grandes de la Universidad de Yale, y los lunes y los miércoles de 11:35 a 12:50, cuando imparto la asignatura «Thinking», casi todas las localidades están ocupadas. La sesión de hoy sobre el exceso de confianza tiene pinta de ser especialmente entretenida, ya que mi idea es pedir voluntarios para que salgan al frente y bailen al son de un vídeo de K-pop.

Empiezo la charla con una descripción de los efectos más frecuentes. Cuando se le pidió a un millón de estudiantes de instituto que evaluaran sus dotes de liderazgo, el 70 % aseguró estar por encima de la media, el 60 % se colocaba a ellos mismos entre los diez primeros puestos del percentil, basándose en su capacidad para interactuar con otras personas. Por otro lado, cuando se les pidió a los profesores de la universidad que evaluaran su capacidad para enseñar, dos tercios se situaban a sí mismos en el 25 % más alto. Después de mostrar estos y otros ejemplos sobre autoevaluaciones más que generosas, les pregunto a los estudiantes: «¿Qué porcentaje de estadounidenses pensáis que afirman ser mejores conductores que la media?». Los alumnos gritan cifras más elevadas que las que ellos mismos habían visto, como 80 u 85 %, entre risas, porque creen que están siendo muy exagerados. Sin embargo, resulta que sus pesquisas seguían siendo bajas, puesto que la respuesta correcta es un 93 %.

Para enseñar bien a los estudiantes sobre los sesgos presentes en nuestro pensamiento, no basta con mostrar los resultados de algunas investigaciones; yo intento que experimenten en sus carnes esos sesgos, para que no caigan presos en el del «yo no», el de la creencia de que mientras que otros pueden tener algunos sesgos cognitivos, nosotros somos inmunes a ellos. Por ejemplo, un estudiante puede pensar que no es excesivamente confiado porque a veces se siente inseguro. Otro puede pensar que, como sus pesquisas sobre cómo le ha salido un examen y la calificación obtenida suelen coincidir, es igual de realista cuando evalúa su posición con respecto a la de sus compañeros en términos de liderazgo, relaciones interpersonales o habilidades de conducción. Llega el momento del baile.

Le muestro a la clase seis segundos del videoclip de la canción *Boy with Luv*, de BTS, un vídeo musical que ha generado más de 1,4 mil millones de visitas en YouTube. Elegí a conciencia un fragmento en el que la coreografía no es muy técnica. (Si ya has encontrado el videoclip oficial, el fragmento va desde el minuto 1:18 al 1:24).

Después de reproducir el vídeo, les digo a los estudiantes que hay premios y que serán para aquellos que sean capaces de bailar este fragmento en condiciones. Vimos el vídeo diez veces más. Vimos incluso una versión a cámara lenta creada específicamente para enseñar a la gente a bailar esta canción. Luego pedí voluntarios. Diez intrépidos alumnos salieron y se colocaron en la parte delantera del auditorio en busca del minuto de gloria, y el resto de los estudiantes los animaban con fervor. Cientos de ellos, estoy segura, piensan que también pueden reproducir los pasos del vídeo. Tras haberlo visto tantas veces, hasta yo siento que puedo hacerlo, después de todo, no son más que seis segundos. No puede ser tan complicado.

El público pide que los voluntarios lo hagan mirando en su dirección, en lugar de a la pantalla. La canción empieza a sonar. Los voluntarios sacuden los brazos en todas direcciones, saltan y dan patadas, todo completamente descoordinado. Uno se inventa nuevos pasos. Algunos a los tres segundos se rinden. Todos se ríen como locos.

El efecto de fluidez

Las cosas que nuestra mente puede procesar con facilidad producen un exceso de confianza. Este efecto de fluidez puede pillarnos por sorpresa de muchas maneras distintas.

La ilusión de adquirir nuevas habilidades

La demostración en clase relacionada con BTS se diseñó a partir de un estudio sobre la ilusión de fluidez que puede darse cuando estamos aprendiendo nuevas habilidades[1]. En esta investigación, los participantes vieron seis segundos de un vídeo en el que Michael Jackson hacía el *moonwalk*, el paso de baile que consiste en que parece que anda hacia atrás sin levantar los pies del suelo. Los pasos no parecen complicados, los hace con tanta facilidad que ni siquiera parece estar pensando en ellos.

Algunos participantes vieron el vídeo una sola vez, mientras que otros lo vieron veinte veces. Luego se les pidió que evaluaran lo bien que ellos pensaban que serían capaces de reproducir el *moonwalk*. Aquellos que vieron el vídeo veinte veces se mostraron mucho más seguros de poder hacerlo que aquellos que solamente lo vieron una vez. Al haberlo visto tantas veces, pensaron que habían memorizado cada uno de los pasos y que podrían reproducirlo en sus cabezas con facilidad. Sin embargo, cuando llegó el momento de la verdad y se pidió a los participantes que lo hicieran, no hubo ninguna diferencia entre los dos grupos de bailarines. Ver a Michael Jackson hacer el *moonwalk* veinte veces sin practicarlo no hace que seas capaz de reproducirlo mejor que alguien que solo lo ha visto una vez.

La gente a veces cae en la ilusión de que pueden realizar retos difíciles tras haber visto a alguien hacerlo sin esfuerzo. ¿Cuántas veces hemos repetido mentalmente el «And A-I-A-I-O-A-I-A-I-A will always love you», de Whitney Houston, pensando que no puede ser tan complicado alcanzar esa nota tan alta? ¿O cuántas veces hemos intentado hacer un suflé después de ver cómo alguien lo ha hecho en YouTube? ¿O cuántas veces hemos empezado una dieta nueva después de ver esas fotos del antes y del después?

Cuando vemos resultados finales que dan la impresión de ser fluidos, magistrales o simplemente normales, como un suflé ideal o una persona que está en forma, cometemos el error de creer que el proceso que se ha seguido para lograr esos resultados también ha debido ser fluido, tranquilo y sencillo. Cuando lees un libro que es sencillo de entender, puedes tener la sensación de que ese libro también ha debido ser sencillo de escribir. Si una persona no ha hecho nunca patinaje artístico, quizás se pregunte por qué un patinador se cae al tratar de realizar un axel doble cuando otros han sido capaces de hacerlo sin esfuerzo. Resulta fácil olvidar cuántas veces se ha revisado ese libro o cuántas horas de prácticas se han invertido en esos axels dobles. Tal y como dijo una vez Dolly Parton: «Cuesta mucho dinero verse tan barato».

Las charlas TED son otro ejemplo sobre cómo la fluidez puede llevarnos a equívocos. Estas charlas suelen tener una duración de dieciocho minutos, lo que significa que los guiones suelen ser de entre seis y ocho páginas. Teniendo en cuenta que los ponentes deben ser expertos en la materia que van a tratar, uno puede pensar que prepararse para una charla tan corta debería ser pan comido; puede que algunos ponentes se limiten a improvisar. No obstante, según las directrices de TED, los ponentes deben dedicar semanas e incluso meses a prepararlas. Gente encargada de preparar discursos ha dado las directrices específicas que se deben seguir en charlas del estilo de las TED: hay que ensayar al menos una hora por cada minuto que vayas a hablar. En otras palabras, necesitas ensayar el discurso al menos sesenta veces. Y esas veintitantas horas son solo las dedicadas a los ensayos, no se incluyen las horas, los días y las semanas que se corresponden con decidir qué incluir en ese guion de entre seis y ocho páginas y, lo que es más importante, qué no vas a tratar.

De hecho, las presentaciones cortas son más complicadas de preparar que las largas, ya que no te da tiempo a pensar en lo que vas a decir a continuación ni a hacer una transición perfecta al cambiar de tema. Una vez le pregunté a un antiguo alumno que estaba trabajando en una empresa de consultoría de prestigio si pensaba que Yale le había preparado para hacer ese trabajo. Me respondió que lo único que le habría gustado aprender era a cómo convencer a un cliente de algo en tres minutos. Ese es el tipo de presentación más complicada de llevar a cabo, ya que cada palabra cuenta, pero resulta muy sencillo cuando se hace bien.

La ilusión del conocimiento

La ilusión de fluidez no se limita únicamente a habilidades como bailar, cantar o dar charlas. Existe un segundo tipo en el ámbito del conocimiento. Le damos más crédito a nuevos descubrimientos una vez que entendemos cómo surgieron.

Piensa en la cinta americana, por ejemplo. La usamos para arreglar prácticamente todo, desde tapar un agujero en una zapatilla de deporte hasta para hacer un dobladillo de emergencia en un pantalón. Varias investigaciones han concluido que la cinta americana también puede quitar verrugas de la misma forma o incluso mejor que el tratamiento estándar con nitrógeno líquido. Resulta difícil de creer hasta que escuchas la explicación: las verrugas las produce un virus que muere cuando se le priva de aire y de luz solar. Y eso es exactamente lo que sucede al cubrir una verruga con cinta americana. Con esta explicación del proceso subyacente, el poder terapéutico de la cinta americana resulta mucho más creíble.

Algunas de mis primeras investigaciones versaban sobre este tipo de fenómeno: más concretamente sobre que la gente es más proclive a deducir la causa de una correlación[2] cuando son capaces de imaginar el mecanismo subyacente. A pesar de que los datos reales sean los mismos, tendemos mucho más a llegar a una conclusión causal cuando podemos imaginar el proceso fluido por el que se genera un resultado. Esto no supone un problema, a menos que el mecanismo subyacente sea defectuoso. Cuando estamos erróneamente convencidos de que entendemos un proceso fluido, solemos sacar conclusiones causales defectuosas.

Deja que te ponga un ejemplo más específico. Cuando seguía esta línea de investigación, llegó a mis manos un libro titulado *Los relojes cósmicos*, escrito en la década de los 60 por Michel Gauquelin, un nuevo astrólogo con estilo propio. El libro empezaba con la presentación de unas estadísticas (algunas son más cuestionables que otras, pero por el bien de este libro, demos por hecho que eran del todo ciertas). Por ejemplo, Gauquelin decía que aquellos que nacieron justo después del ascenso y la culminación de Marte, sea lo que sea lo que eso signifique, tienen una tendencia mayor a crecer para ser eminentes físicos, científicos o atletas. Tenía cientos, a veces miles, de datos convincentes y utilizaba estadísticas sofisticadas para respaldar sus conclusiones. Sin embargo, había escépticos. Incluso él se mostraba confuso ante sus descubrimientos y buscaba una explicación para justificarlos. Descartó las hipótesis menos científicas de que de alguna manera los planetas les otorgaban talentos específicos a los bebés cuando nacían. Por el contrario, expuso una explicación aparentemente fluida. De algún modo, escribió, nuestras personalidades, atributos e inteligencia son innatos, lo que significa que ya forman parte de nosotros cuando estamos en el útero. Los fetos mandan señales químicas cuando están listos para nacer, lo que produce el parto. Los fetos que tienen unos rasgos de personalidad concretos señalan cuando están listos para nacer como respuesta a unas sutiles fuerzas gravitacionales determinadas por sucesos extraterrestres. Con una explicación tan elaborada, incluso una persona escéptica puede terminar cambiando su reacción de un «ni en broma» a un «ah».

Puede que la ilusión del conocimiento explique por qué algunas teorías de la conspiración siguen presentes. La teoría de que Lee Harvey Oswald asesinó al presidente John F. Kennedy porque era un agente de la CIA resulta bastante improbable, pero cuando se añade una explicación adicional (a la CIA le preocupaba la forma en que el presidente estaba manejando el comunismo) parece algo más plausible. La teoría QAnon de que el presidente Trump estaba luchando en secreto contra una camarilla de pedófilos satánicos y caníbales que estaban ocultos en el «Estado profundo» se dijo que provenía de una fuente, «Q», cuya autorización de seguridad de nivel alto le daba acceso a los trabajos internos del gobierno. Por supuesto, nada de esto es verdad, pero la ilusión de conocimiento que Q creaba al redactar sus publicaciones con jerga operativa convenció a muchos de su veracidad.

La ilusión producida por algo irrelevante

La tercera clase del efecto fluidez es la más insidiosa e irracional de todas. Los que he descrito hasta ahora son los efectos de percibir la fluidez de cuestiones cercanas a nosotros. La percepción de la fluidez de una tarea inminente hace que subestimemos la dificultad de realizarla. Las descripciones de los mecanismos subyacentes a ciertas afirmaciones hacen que las afirmaciones inaceptables resulten más aceptables, aunque esos «hechos» no hayan cambiado. Mas nuestros juicios también pueden distorsionarse por la percepción de la fluidez de factores que son completamente irrelevantes para los juicios que nos obligan a hacer.

Por ejemplo, un estudio examinó si los nombres de las acciones afectan en las expectativas de la gente sobre cómo van a funcionar en el mercado[3]. Sí, hay efectos de fluidez en los nombres. Al principio, los investigadores usaron nombres inventados que se crearon con el único fin de que fueran sencillos de pronunciar (Flinks, Tanley), así como otros menos sencillos de pronunciar (Ulymnius, Oueown). A pesar de que a los participantes no se les dio más información, ellos juzgaron que las acciones de aquellas más sencillas de pronunciar (es decir, las de mayor fluidez) se revalorizarían, mientras que las de aquellas que tenían nombres más complicados de pronunciar (es decir, carentes de fluidez) se devaluarían.

También se fijaron en nombres de acciones reales (como, por ejemplo, Southern Pacific Rail Corp. frente a Guangshen Railway Co.) y estudiaron los cambios en los valores de esas acciones en la Bolsa de Nueva York. Las acciones sencillas de pronunciar subieron más que aquellas más complicadas de pronunciar; si alguien hubiera invertido en 10 acciones con nombres de mayor fluidez y en 10 acciones con nombres de menor fluidez, las primeras le habrían generado un beneficio de 113, 119, 277 y 333 dólares más que las segundas, tras cotizar un día, una semana, seis meses y un año, respectivamente.

Algunos lectores pueden pensar que esto simplemente sucedió porque las empresas con nombres carentes de fluidez sonaban más exóticas para la gente que invierte en la bolsa estadounidense. Así que, en la investigación final, los investigadores estudiaron la facilidad para pronunciar los códigos de tres letras de las acciones de las empresas. Algunas como KAR, de KAR Global, se pueden pronunciar como si fueran palabras, mientras que otras como

HPQ, de Hewlett-Packard, no. Para su sorpresa, a las empresas cuyos códigos podían pronunciarse les fue bastante mejor tanto en la Bolsa de Nueva York como en la de Estados Unidos, que a las empresas con códigos impronunciables y carentes de fluidez. La relativa fluidez de sus códigos no debería tener nada que ver con su valor como empresa (es un factor completamente arbitrario), pero aun así los inversores valoraron mejor a aquellas empresas con códigos pronunciables que a las otras.

Por si acaso no sueles seguir el mercado de valores, hablemos de un efecto de fluidez secreto creado a partir de las búsquedas en Internet. Hoy en día puedes buscar cualquier cosa, pero el aspecto negativo de poder acceder a información experta es que esto produce un sentimiento de exceso de confianza; esto hace que la gente crea que tiene más conocimientos de los que realmente tiene[4], incluso sobre temas de los que no se informan.

A los participantes de un estudio se les pidió que respondieran a preguntas como «¿Por qué hay años bisiestos? y «¿Por qué la luna tiene fases?». A la mitad de los participantes se les pidió que buscaran las respuestas en Internet, mientras que a la otra mitad no se les permitió consultar nada. Luego, en la segunda mitad del estudio, se les dio una nueva relación de preguntas a todos los participantes, tales como «¿Qué causó la guerra civil?» y «¿Por qué el queso suizo tiene agujeros?». Estas preguntas no tenían nada que ver con las que habían respondido en la primera parte del estudio, de manera que los participantes que habían usado Internet antes ahora carecían de ventajas sobre aquellos que no habían podido acceder a él. Es probable que pienses que ambos grupos de participantes estarían igual de seguros o de inseguros sobre lo capaces que habían sido de responder a estas nuevas preguntas. Sin embargo, aquellos que habían utilizado Internet en la primera fase consideraron tener más conocimientos sobre el tema que aquellos que no lo habían utilizado, incluso sobre las cuestiones sobre las que no habían podido buscar información. Tener acceso a información que no estaba relacionada con los contenidos de las preguntas de la segunda fase les había sido suficiente para aumentar su confianza intelectual.

La naturaleza adaptable del efecto de fluidez

Aunque entiendo el efecto de fluidez, a veces caigo presa en él. Una vez, vi un vídeo de YouTube de cuarenta minutos sobre cómo cepillar a un perro de pelo largo. Después invertí otros infructuosos cuarenta minutos intentando cepillar a mi hermoso bichón habanero; desmentí la afirmación del American Kennel Club de que los «bichones habaneros son igual de adorables sin importar el peinado que lleven».

También soy una loca de los catálogos de jardinería. Siempre que veo fotos de jardines impecablemente cuidados, sobre todo de huertos, encargo las semillas suficientes para llenar media hectárea, terreno que no tengo, y las planto utilizando luces de interior especiales. Para todo el tiempo y el dinero que invierto, puedo presumir bien poco. El año pasado cultivé un total de cuatro pimientos y comí ensalada de kale tres veces. No obstante, todo parece muy sencillo en los catálogos.

Llevo más de treinta años enseñando e investigando sobre los sesgos cognitivos y aun así caí en la trampa del cepillado sin esfuerzo y sencillo de realizar de YouTube y las brillantes fotos de los catálogos de jardinería. La finalidad de aprender sobre los sesgos cognitivos, ¿no es la de ser capaz de reconocerlos y de evitarlos? Si realmente soy tan experta en la materia, ¿por qué no soy inmune a ellos?

La respuesta es que podemos ser susceptibles a los sesgos cognitivos incluso después de haber aprendido sobre ellos porque la mayoría (puede que todos) de ellos son productos de unos mecanismos altamente adaptables que han evolucionado durante cientos de años para ayudar en nuestra supervivencia como especie. No podemos deshacernos de ellos.

El efecto de fluidez surge de una norma simple y clara que se usaba en lo que los psicólogos cognitivos llaman la «metacognición», que significa saber si sabes hacer algo como, por ejemplo, nadar o lo que es una hipoteca. La metacognición es un componente muy importante de la cognición. Si no sabes nadar, sabes que no tienes que saltar en una piscina profunda, incluso aunque necesites refrescarte tras un día muy caluroso. Si la palabra «hipoteca» no te resulta familiar, sabes que tienes que investigar sobre lo que es antes de firmar una. La metacognición guía nuestras acciones: saber lo que sabemos hacer nos indica lo que tenemos que evitar, lo que tenemos que investigar o dónde debemos tirarnos de cabeza o no. No podemos vivir sin ella.

Uno de los indicios más útiles para la metacognición es el sentimiento de familiaridad, facilidad o fluidez. Estamos familiarizados con las cosas que sabemos que podemos hacer. Si te pregunto si conoces al señor John Robertson, puede que respondas que sí, no o quizás. Esto dependerá de lo familiar que sea ese nombre para ti. Cuando te veas en una oficina de alquiler de coches de un país extranjero que solo tenga coches manuales, valorarás si sigues sabiendo conducir ese tipo de coche en función de lo familiar que te resulte mover el pie izquierdo en un pedal al mismo tiempo que cambias de marcha con la mano derecha.

Sin embargo, la familiaridad no es más que un heurístico, una regla de oro o una forma rápida de encontrar respuestas suficientemente buenas sin dedicar mucho esfuerzo. De hecho, para determinar si una persona puede comprarse una casa, una regla bien conocida por todos es la del 28 por ciento de la hipoteca; tu mensualidad no debe sobrepasar el 28 por ciento de tus ingresos brutos. Los heurísticos no garantizan las soluciones perfectas. La regla del 28 por ciento no es más que una guía aproximada y, en último lugar, que puedas permitirte comprar una casa particular o de cualquier tipo depende de un sinfín de factores distintos a ese. Del mismo modo, usar la familiaridad o la fluidez para hacer juicios metacognitivos es un atajo que utilizamos en situaciones en las que no podemos validar de forma sistemática lo que sabemos hacer. No podemos hacer una prueba de natación cada vez que tengamos que valorar si sabemos nadar, así que confiamos en nuestro sentimiento de familiaridad.

El problema es que un heurístico que trabaja a nuestro favor la mayor parte del tiempo a veces puede llevarnos a engaños, como hemos visto anteriormente. Una persona puede familiarizarse con el *moonwalk* después de ver un vídeo veinte veces, y esa familiaridad o fluidez puede confundirle y hacer que piense que sabe hacerlo por sí misma. Algo similar sucede con el proceso de plantar semillas en la tierra. Fertilizarlas, regarlas y con el tiempo recoger verduras deliciosas y maduras es algo sencillo de imaginar, lo que crea la ilusión de que se nos da bien la jardinería, incluso en una profesora que enseña sobre los sesgos cognitivos.

Aunque la fluidez o la familiaridad heurística a veces nos lleven a equívoco, es una herramienta muy útil para recordarnos lo que realmente sabemos hacer. Este podría ser el verdadero motivo por el que los humanos confiamos en ella, porque los beneficios de la metacognición superan los costes de las ilusiones que a veces causa. De acuerdo, todo eso ha sido bastante denso y abstracto, así que vamos a concretar más, repasémoslo de nuevo haciendo uso de una famosa analogía sobre la ilusión visual, tal y como Daniel Kahneman, un laureado Nobel de Economía, hizo en su famoso libro *Pensar rápido, pensar despacio*.

Las imágenes del mundo que vemos con nuestros ojos se proyectan en una pantalla plana llamada retina, una capa de tejido sensible situada en la parte trasera del globo ocular. Como la retina es plana, las imágenes que recibe nuestro cerebro a través de ella son bidimensionales. El dilema de esto es que el mundo está en 3D. Para percibir el mundo en 3D, el sistema visual de nuestros cerebros usa varios indicios. Uno se llama perspectiva lineal, que sucede cuando líneas paralelas parecen converger en un mismo punto en la distancia, tal y como se muestra en la figura. Nuestro sistema visual asume automáticamente que siempre que vemos dos líneas que convergen en un punto de fuga, un objeto cercano a ese punto de fuga (línea A de la figura) debe estar más lejos de nosotros que un objeto situado al frente (línea B de la figura). Desde que aprendemos que los objetos que están más alejados de nosotros parecen ser más pequeños, cuando vemos dos líneas horizontales idénticas colocadas en perspectiva lineal, nuestro sistema visual da por hecho que la más cercana al punto de fuga debe ser más larga. De hecho, las líneas A y B tienen el mismo largo, pero nuestro sistema visual «cree» que la línea A es más larga de lo que es. A este hecho se le conoce como la ilusión Ponzo, en honor a Mario Ponzo, el psicólogo italiano que lo demostró. Puedes comprobar con una regla o con los dedos que las líneas A y B tienen el mismo largo, pero, aun así, seguirás viendo la A más larga. Del mismo modo, las ilusiones cognitivas, como el efecto de fluidez, persisten incluso después de que comprendas que no son más que ilusiones.

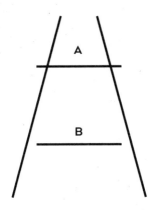

Además, decir que deberíamos desconfiar de nuestros sentimientos de fluidez por miedo a convertirnos en personas excesivamente confiadas sería tan absurdo como decir que no deberíamos usar nunca la perspectiva lineal, sino simplemente percibir el mundo que nos rodea plano, para así superar la ilusión Ponzo. Las ilusiones surgen a partir de distintos indicios y métodos a los que nuestro sistema cognitivo se ha adaptado para permitirnos navegar en un mundo incierto repleto de posibilidades infinitas. Obviamente, merece la pena vivir bajo la ilusión Ponzo si el sistema que lo causa también nos permite percibir las estructuras 3D del mundo. De la misma forma que es mejor poder evaluar lo que sabemos o no sabemos hacer confiando en nuestro sentimiento de fluidez, incluso si a veces nos lleva a equívocos.

Sin embargo, la analogía de las ilusiones visuales se queda ahí. Las ilusiones visuales rara vez han hecho daño a alguien, pero el exceso de confianza en la ausencia de pruebas suficientes puede tener consecuencias en la vida real que son mucho más serias que arruinar temporalmente la apariencia de un bichón habanero, o desperdiciar cincuenta veces más dinero en cultivar cuatro pimientos de lo que hubiera costado comprarlos en la tienda. Puedes destrozar una presentación que puede cambiar el rumbo de tu carrera porque no te has preparado de la manera más adecuada para hacerla, o perder tus ahorros por sobreestimar la fluidez del nombre de una acción en el mercado de valores. Podrías invadir el capitolio estadounidense porque le das demasiado crédito a las historias que escuchas de QAnon.

Pero el solo hecho de aprender que los efectos de fluidez suceden y que son nocivos no basta. Es como cuando una persona coge unos kilos de más, porque nuestros cuerpos están programados (por buenos motivos) para hacer que queramos comida de manera ansiosa, necesitamos dar un paso más a solo pensar que basta con comer menos y con implementar unas estrategias en específico para contrarrestar esa ansiedad por comer. Así que,

¿es posible dejar de lado el efecto de fluidez a pesar de nuestra tan bien programada metacognición? La respuesta es sí.

Inténtalo

Aunque los efectos de fluidez provengan de adaptaciones que se producen en nuestro sistema cognitivo, eso no significa que no podamos superarlos. Una sencilla solución es hacer que una tarea deje de ser fluida al intentar realizarla. Lee en voz alta la presentación antes de ponerte delante del público. Cocina un primer suflé antes de invitar al padre de tu novia a cenar. Canta «I Will Always Love You» delante del espejo del cuarto de baño antes de hacerlo delante de tu jefe en la fiesta de la empresa. De esta forma, no necesitarás ver las reacciones de los demás para romper la ilusión, porque verás los resultados por ti mismo. No creo que ninguno de esos diez estudiantes que bailaron delante del público del Auditorio Levinson sigan pensando que son capaces de reproducir una rutina de K-pop sin practicarla.

Poner a prueba nuestras habilidades puede parecer una solución obvia, pero, sorprendentemente, no lo suficiente, ya que muchos de nosotros no lo hacemos. Alguna gente piensa que está poniendo a prueba sus habilidades al reproducir el desarrollo de la actividad en la cabeza en lugar de ponerla en práctica. Cuando te imaginas haciendo pasos de baile o exponiendo una presentación a un cliente refuerzas la ilusión. Todo fluye inalterable en tu simulación mental, lo que alimenta tu exceso de confianza. Debes escribir tu presentación palabra por palabra y pronunciarla en voz alta, usando la lengua y las cuerdas vocales, o reproducir cada uno de los movimientos del baile usando los brazos, las piernas y la cadera.

La importancia de ensayar no se limita a la adquisición de nuevas habilidades. Solemos mostrarnos excesivamente confiados con los límites de nuestro conocimiento, es decir, creemos que sabemos más de lo que en realidad sabemos. Un estudio demostró que explicar nuestros conocimientos es una manera de reducir el exceso de confianza[5], incluso si nadie nos da su opinión. En este estudio, primero pidieron a los participantes que valorasen cuán bien conocían el funcionamiento de varias cosas como, por ejemplo, un retrete, una máquina de coser y un helicóptero. En una escala del 1 al 7 donde el 1 corresponde a «no sé nada de cómo funciona» y el 7 a «sé perfectamente cómo funciona», ¿qué nota le pondrías a tus conocimientos sobre el funcionamiento de un retrete, una máquina de coser y un helicóptero? Todos estamos familiarizados con estos objetos y hemos visto cómo sus piezas funcionan sin problema. Aunque no seríamos capaces de construir uno desde cero, sabemos cómo funcionan y para qué se usan; de hecho, sabemos cómo tirar de la cadena del retrete. En el estudio, la media de los participantes se colocó en un punto medio, es decir, un 4. Esto puede no parecer un exceso de confianza, pero lo es y lo ha provocado la ilusión de fluidez.

Para verlo por ti mismo, esta vez elige un único objeto, supongamos que eliges el helicóptero, y escribe cómo funciona. Ahora califica lo bien que conoces el funcionamiento de los helicópteros. Muchos participantes a los que se les pidió que hicieran justo lo que tú acabas de hacer se mostraron significativamente más inseguros sobre los límites de su conocimiento. Intentar explicar lo que pensaban que sabían fue suficiente para que se dieran cuenta de cuánto menos sabían en comparación a lo que ellos daban por hecho conocer. Podrías ir un paso más allá, igual que hicieron en el estudio en el que pusieron a prueba a los participantes con preguntas del tipo «¿Cómo pasa un helicóptero de sobrevolar a moverse hacia delante?». Con cada pregunta, los participantes se mostraban cada vez más humildes.

Este tipo de comprobación de la realidad puede suceder *durante* una entrevista de trabajo. Conoces el estilo de preguntas que los entrevistadores suelen hacerles a los candidatos: «¿Por qué te interesa este trabajo?» y «¿Cuáles son tus virtudes y defectos?». Piensa que sabes lo que vas a decir. Supón que el entrevistador te pregunta «¿Cuáles son tus puntos fuertes?». Te alegras de que lo hagan porque estabas preparado para decir que tu mayor virtud es tu capacidad organizativa. Luego, el entrevistador sigue poniéndote a prueba y te pregunta «¿Puedes ponernos un ejemplo?». De repente, tu cerebro se bloquea y lo único en lo que puedes pensar es en la última vez que ordenaste alfabéticamente tu especiero. Luego te hacen otras preguntas, por ejemplo: «¿Cómo podría eso ser de *utilidad* para este puesto de trabajo?», y te das cuenta de que ni siquiera vas a poder comprobarlo porque no te van a contratar.

Ensayar distintas respuestas para este tipo de preguntas es esencial porque aprendes a despersonalizar las respuestas. Una vez que las pones por escrito, puedes fingir que son las de otra persona y valorar si contratarías a esa persona o no. También puedes grabarte. Lo sé, lo sé: es increíblemente doloroso verse a uno mismo en un vídeo. Aun así, es infinitamente mejor que veas por ti mismo lo bien que eres capaz de manejar esas preguntas antes de que alguien con poder de decisión lo haga.

Junto con las ventajas personales de mejorar tus exposiciones, las habilidades para una entrevista de trabajo y evitar pasar vergüenza en las fiestas de la empresa, reducir tu exceso de confianza puede ayudar a la sociedad en general. Un estudio demostró que esto puede reducir los extremismos políticos[6]. Muchos de nosotros tenemos fuertes opiniones sobre algunas cuestiones sociales como el aborto, la sanidad y el cambio climático. Por desgracia, puede que no nos demos cuenta de lo poco que entendemos de esos temas hasta que nos pidan que los expliquemos.

En este estudio, se les enseñaron a los participantes varias medidas políticas, como la imposición de sanciones unilaterales a Irán por su programa nuclear, el aumento de la edad de jubilación de la Seguridad Social, el establecimiento de un sistema de derechos de emisión de carbono y la institución de un impuesto fijo nacional. Se pidió a los participantes que se posicionaran con cada una de ellas, es decir, que dijeran si estaban a favor o en contra de cada una de esas políticas. Luego se les pidió que evaluaran cuán bien habían comprendido cada uno de los impactos de esas medidas.

A continuación, igual que en el estudio anterior de los helicópteros, se pidió a los participantes que pusieran por escrito esos impactos. Una vez que terminaron, se les volvió a pedir que evaluaran su nivel de comprensión de las medidas. Igual que antes, su confianza mermó. No hizo falta más que pedirles que explicasen por escrito lo que ellos sabían sobre el tema para hacer que se dieran cuenta de lo superficial que era su conocimiento sobre él. Hasta ahora, este estudio ha llegado a la misma conclusión que el del helicóptero.

Aunque lo que resultaba reseñable era la última parte del experimento. Al final del estudio, se les pidió a los participantes que volvieran a valorar su postura sobre cada una de las medidas. Resultó que sus opiniones se habían vuelto más moderadas una vez reducido el exceso de confianza. Cuanto más se destrozaba su ilusión de conocimiento, menos extremistas eran. Merece la pena hacer hincapié en que no moderaron su punto de vista a partir de unos argumentos contrarios a sus pensamientos, lo único que necesitaron fue un pequeño empujón para permitirles justificar sus puntos de vista.

Por eso es tan importante para la sociedad en la que vivimos hablar con gente que tiene puntos de vista diferentes a los nuestros. Tendemos a juntarnos con gente que comparte nuestras opiniones. Cuando permanecemos en nuestras burbujas, no hablamos sobre los impactos que tienen las medidas que apoyamos, porque damos por hecho que nuestros aliados ya los saben. Solo cuando nos sentimos obligados a explicar las consecuencias de las posturas que defendemos a alguien que no comparte nuestro punto de vista somos capaces de empezar a reconocer los vacíos en nuestro conocimiento y los puntos débiles de nuestro razonamiento, y así trabajar para solucionarlos.

Cuando no puedes intentar las cosas: la falacia de la planificación

Por desgracia, hay muchas situaciones que no nos permiten disminuir nuestro exceso de confianza de una forma tan sencilla como poner a prueba nuestras habilidades o expresar nuestros conocimientos de forma explícita. Para explicar esto, debemos tener en consideración la falacia de la planificación.

Con frecuencia solemos subestimar el tiempo y el esfuerzo que necesitamos para completar una tarea, motivo por el cual no solemos cumplir con las fechas de entrega, sobrepasamos nuestro presupuesto o nos quedamos sin energía antes de terminar. Uno de los ejemplos más representativos de la falacia de la planificación sucedió cuando se construyó la Ópera de Sídney. El presupuesto inicial era de 7 millones de dólares, pero acabó costando 102 millones de dólares en una versión reducida y tardó diez años más en completarse de lo que se había estimado en un principio. En la construcción del Aeropuerto Internacional de Denver se necesitaron 2 millones de dólares más de los inicialmente presupuestados y, además, se tardaron diez meses más del tiempo previsto. Motivos a los que algunos achacan la existencia de tantas teorías conspiratorias relacionadas con él. Una de esas teorías es que se tardó tanto tiempo en construirlo porque el proyecto también incluía una red de búnkeres subterráneos para que los multimillonarios y los políticos pudieran refugiarse en caso de un suceso apocalíptico. Otra teoría de la conspiración está relacionada con extraterrestres, cómo no. Las teorías son tan conocidas que hasta el propio aeropuerto ha abierto un museo de la conspiración. Dicho esto, sería injusto para los habitantes de Nueva Inglaterra pasar por alto el proyecto de construcción de la autopista Big Dig de Boston, que costó 19 mil millones de dólares más de lo que se presupuestó y que superó en diez años el tiempo que se había estimado para su construcción.

La falacia de la planificación no solo es aplicable a los proyectos de construcción. El Standish Group, una empresa internacional independiente de investigación en tecnologías de la información (TI), produce informes anuales sobre varios proyectos. Se podría pensar que los informáticos saben utilizar los datos del pasado para hacer predicciones precisas sobre el futuro. Sin embargo, según el Standish Group, entre 2011 y 2015, el porcentaje de proyectos de TI exitosos en los Estados Unidos (con el éxito definido como todas las características requeridas completadas a tiempo y dentro del presupuesto) osciló entre el 29 y el 31 %. La mitad de los proyectos se entregaron con retraso, por encima del presupuesto o sin las características requeridas, y entre el 17 y el 22 % de los proyectos simplemente fracasaron; y no había señales de una tendencia a la mejora.

La falacia de la planificación tiene distintas causas. Una de ellas es una ilusión: esperamos que nuestros proyectos se completen más pronto que tarde sin tener que invertir mucho dinero en ellos, y esos deseos se reflejan en la planificación y en el presupuesto.

También es importante reconocer que la falacia de la planificación es en gran parte un tipo de exceso de confianza que proviene de la ilusión de fluidez. Cuando planeamos, tendemos a centrarnos solo en cómo el proyecto *debería* ir, en las cosas que se tienen que hacer para conseguir que salga adelante. Cuando imaginas esos procesos en tu mente, todos se producen de manera sucesiva sin problema, lo que genera el exceso de confianza.

Un estudio que investigó sobre la falacia de la planificación[7] reveló precisamente esta dinámica, al mismo tiempo que nos enseñaba *qué no* tenemos que hacer si queremos evitarla. En este estudio se pidió a los participantes que estimaran cuánto tiempo les llevaría hacer sus compras navideñas. De media, estimaron que terminarían de hacer las compras el 20 de diciembre. Esto terminó sirviendo como ejemplo para ilustrar la falacia de la planificación, porque, de media, los participantes no terminaron sus compras navideñas hasta el 22 o el 23 de diciembre.

Para evitar sucumbir a la falacia de la planificación, puede parecer una buena idea inventarse planes específicos y detallados, así que a otro grupo de participantes se le pidió que pusieran por escrito paso a paso sus planes para hacer las compras navideñas. Por ejemplo, un participante podía hacer una lista de familiares y de posibles regalos para cada uno de ellos. Otro podía seleccionar qué centro comercial visitar cada día y planificar qué buscar en ese centro comercial para cada una de las personas de su lista. Los planes parecían ser completamente factibles de llevar a cabo mientras los diseñaban, pero ¿mejoró el hecho de tener un plan la precisión de sus estimaciones sobre el tiempo que les llevaría terminarlas? Al contrario, estos participantes expusieron una falacia de la planificación aún mayor; la mayoría pensó que terminarían de hacer las compras siete días y medio antes de navidad, es decir, tres días antes de lo que estimaron aquellos que no planearon las compras paso a paso. Sin embargo, de media, terminaron en torno al 22 y al 23 de diciembre.

La razón por la que tener planes detallados paso a paso exacerbó los efectos de la falacia de la planificación fue que los planes que idearon crearon la ilusión de que sus compras serían tan tranquilas y sencillas como en *Pretty Woman*, cuando Julia Roberts encontró todos esos vestidos perfectos y de su talla en una compra compulsiva que duró menos de medio día, o en *Clueless*, cuando Alicia Silverstone terminó sus compras con el maquillaje intacto mientras cargaba dos bolsas gigantescas de compras por la calle como si no pesaran nada.

No obstante, con esto no quiero decir que no debamos idear planes detallados. Dividir una tarea en pequeños pasos e ir poniendo fechas para terminar cada una de ellas es una parte importante de la planificación, sobre todo cuando la tarea que tenemos entre manos es más complicada que las compras de navidad. Un estudio distinto demostró que, cuando una tarea se divide en tareas más pequeñas, la falacia de la planificación se reduce en cierta manera. Dividir una tarea fuerza a la gente a ser consciente de que no es tan simple como pensaban que era. Sin embargo, hay que tener en cuenta que también puede crear una ilusión de fluidez, aumentando la sensación de control y agravando la falacia de la planificación.

¿Cómo podemos explicar esa ilusión? Antes he mencionado que para reducir el exceso de confianza nacido de la fluidez podemos poner a prueba las cosas. Lo irónico con tratar de superar la falacia de la planificación es, como no podía ser de otro modo, que el reto es planear las cosas *sin* probarlas previamente. No podemos practicar las compras navideñas o construir una ópera, pero lo que *sí* podemos hacer es tratar de que nuestra simulación mental carezca de tanta fluidez al considerar potenciales trabas. Hay dos tipos de obstáculos que debemos tener en cuenta y uno es más fácilmente accesible a nuestras mentes que el otro.

Resulta relativamente sencillo pensar en obstáculos que estén directamente relacionados con la tarea que tenemos entre manos. Para las compras navideñas, habrá caravanas el fin de semana previo a la navidad, o puede que las tiendas hayan vendido todas sus existencias de esa chaqueta de cachemira con estampado de leopardo que piensas que sería el regalo perfecto para tu abuela. Es probable que, cuando te planifiques, tengas en cuenta estos obstáculos relevantes para la tarea.

Sin embargo, lo que suele dejarse de lado son los obstáculos que no tienen nada que ver con la tarea, como que te resfríes, que se te escape el gato, que el calentador de agua tenga una fuga, que tu hijo se rompa el tobillo, etcétera. Este tipo de imprevistos son difíciles de planificar, simplemente porque existen demasiadas posibilidades. Además, aunque recuerdes que tu hijo se rompió el tobillo el año pasado durante la semana de las compras navideñas y tuvo que pasar un día entero en urgencias, no esperarás que eso vuelva a ocurrir este año.

No obstante, los imprevistos son viejos conocidos. Una cosa de la que estamos seguros en la vida es de que siempre pasa algo. Es un hecho. Mi solución, que no está basada en ninguna evidencia científica sino en haber vivido múltiples falacias de la planificación, es simple: siempre añado un cincuenta por ciento más de tiempo a mi estimación inicial, como cuando le digo a un compañero que puedo revisar el manuscrito en tres días, aunque sé que puedo hacerlo en dos. Esta estrategia a mí me funciona bastante bien.

El optimismo y el efecto de fluidez

Mientras reflexionamos sobre cómo podemos evitar el efecto de fluidez, también es importante hablar de las cosas que pueden magnificarlo, una de las cuales es el optimismo. El optimismo es como el aceite del motor para el efecto de fluidez: hace que todo parezca funcionar mejor. Cuando nos sentimos optimistas, cerramos los ojos ante posibles contratiempos y obstáculos.

Sin embargo, en términos generales, el optimismo es algo bueno. Ser optimista puede reducir nuestro estrés y hacernos sentir felices. Sentirse feliz y tener menos estrés mejora nuestra salud mental y física, y probablemente por eso los optimistas viven más tiempo. El optimismo no solo es bueno para nuestra salud, sino que es esencial para nuestra supervivencia; todos sabemos que acabaremos muriendo, así que, sin un poco de optimismo sobre nuestro futuro, no podríamos motivarnos para perseguir nada.

Algunos sostienen que el optimismo es especialmente ventajoso en situaciones competitivas. Supongamos que Tom y Jerry son rivales en el mundo de los negocios y se presentan continuamente a las licitaciones de los mismos proyectos de construcción. La empresa de Jerry es mucho más pequeña que la de Tom, y es casi seguro que este puede superar la oferta de Jerry. Si Jerry no es optimista y actúa solo de acuerdo con la verdad objetiva, se dará por vencido. Sin embargo, si Jerry es optimista, al menos puede hacerse un hueco persiguiendo proyectos que no le interesen a Tom.

Por estas razones, es probable que estemos predispuestos al optimismo hasta cierto punto, como demuestran los análisis realizados con animales no homínidos, como aves y ratas[8]. En un estudio, los estorninos europeos aprendieron que, cuando oían un sonido de dos segundos de duración, debían pulsar un botón rojo para conseguir comida, pero cuando oían un sonido de diez segundos, debían pulsar un botón verde para conseguirla. Si pulsaban el botón que no coincidía con el sonido, no obtenían nada de comida. Además, los investigadores hicieron que el botón rojo fuera mejor que el verde: al pulsarlo se obtenía la comida inmediatamente, mientras que al pulsar el botón verde se obtenía la comida después de una cierta espera. A nadie le gusta esperar por la comida. Una vez aprendidas todas estas contingencias (¡y es bastante impresionante que estos pajaritos pudieran hacerlo!), los responsables del experimento presentaron a los pájaros una prueba enrevesada: esta vez, hicieron sonar un tono de duración media, de seis segundos. ¿Qué harían los pájaros, pulsar el botón rojo o el verde? Los pájaros se mostraron optimistas. Ante el tono ambiguo, pulsaron el botón rojo, el que les daba la mejor opción.

Dado que el optimismo es un estado por defecto para la mayoría de las personas, puede empeorar fácilmente el efecto de fluidez, dando lugar a un optimismo ciego. El optimismo realista se da cuando se dice que el vaso está medio lleno o que hay una luz al final del túnel. El optimismo ciego se da cuando se niega que el vaso esté medio vacío o que incluso se esté en un túnel. Un ejemplo histórico de optimismo ciego que todavía está vivo en la mente de todos es la forma en que se manejó el Covid-19 en Estados Unidos durante los difíciles primeros días y semanas después de su aparición, cuando no se tomaron medidas a nivel federal para evitar su propagación. Algunos creían que el virus desaparecería mágicamente en primavera, cuando hubiera más luz solar y las temperaturas subieran. Porque un mundo con cierres, cuarentenas, sin conciertos, sin vacaciones y sin restaurantes durante más de un año era algo inimaginable, y porque era más fácil imaginar un abril normal después de una temporada de gripe, muchos cayeron en un optimismo ciego. ¿Podría haberse evitado?

Un método que ha demostrado ser eficaz para disuadir el optimismo ciego es hacer que la gente piense en casos similares del pasado y aplique seriamente sus lecciones a la situación actual. El simple hecho de pensar en experiencias similares es enormemente útil, pero no es suficiente. Incluso cuando esos casos similares nos llaman la atención, tendemos a descartarlos, diciendo: «Oh, esta vez es diferente», «Aprendí la lección la última vez y no volverá a ocurrir», etc. Cuando nos enfrentamos por primera vez al Covid-19, mucha gente lo comparó con la pandemia de 1918 (la gripe española), pero las lecciones de esa pandemia eran fáciles de ignorar: «Hoy tenemos conocimientos médicos mucho más avanzados y, además, aquel era un virus completamente diferente». Incluso cuando leíamos sobre lo que estaba ocurriendo en China, era tentador pensar que en Estados Unidos sería diferente, como si llamarlo «el virus chino» nos hiciera inmunes a él.

Todo esto ilustra claramente por qué no basta con pensar en casos similares si luego vamos a centrarnos simplemente en por qué esta vez todo será diferente. Para evitar la tentación de poner excusas y caer en un optimismo ciego, deberíamos asumir que el caso actual será igual que los anteriores y hacer nuestros planes y predicciones en consecuencia. En el caso del Covid-19, deberíamos haber asumido que la enfermedad se propagaría en Nueva York, Los Ángeles o cualquier otro lugar del mundo exactamente igual que sucedió en Wuhan. Las predicciones basadas en hechos son más precisas que las basadas en intuiciones o deseos.

En resumen: la reforma de mi casa

Como colofón a este capítulo, vamos a hablar de mis planes para remodelar mi casa y de cómo se puede aplicar lo que he comentado para mejorarlos. Nuestra casa tiene unos cien años, pero no tiene ningún encanto de casa antigua; la compramos por su buena ubicación. La mitad de sus ventanas o no se mantienen abiertas o no se abren en absoluto. El segundo cuarto de baño tiene unos rasgos de los años sesenta (es decir, plástico y linóleo) que ninguna cortina de ducha de lujo ni toallas de baño pueden ocultar. Los trozos de su revestimiento original se desprenden en los vendavales, lo que proporciona abono instantáneo a nuestro jardín. Lo que más molesto me resulta, después de haber estado confinada en ella un año y medio a causa de la pandemia, es la media pared que divide el salón en dos espacios sin ninguna razón. Hemos decidido derribarla.

Ni mi marido ni yo sabemos mucho sobre el mantenimiento de una casa. Cuando compramos nuestra primera casa juntos, hace veinticinco años, preguntamos al propietario qué hacer con las ventanas abatibles cuando lloviera; nos preocupaba que se estropearan sus preciosos marcos de madera. El propietario, que había construido la casa, dijo: «Cerradlas», y parecía bastante nervioso por vendernos la casa. Sin embargo, teniendo en cuenta todo lo que he dicho en este capítulo, mi falta de confianza en la remodelación es una gran ventaja.

A pesar de que derribar la media pared del salón no parece ser más que un simple golpe de mazo, también podría servir como ejemplo del efecto de fluidez, ya que supuso el fin de nuestro dormitorio, situado en la planta de arriba, tal y como lo conocemos. También he elegido un diseño minimalista para el segundo cuarto de baño que no parece demasiado difícil de recrear en nuestro espacio: el minimalismo, por definición, significa sencillo. Sin embargo, muchos expertos en remodelación sugieren que se calcule hasta un cincuenta por ciento más de tiempo y dinero del que estimen los contratistas, así que eso es justo lo que hemos hecho. Mientras se cambien las ventanas, puede que los contratistas encuentren desperfectos causados por el agua, moho, nidos de avispas y todo aquello que me niego a creer que existe en mi casa, pero para lo que tengo que estar preparada, tanto psicológica como económicamente. La última remodelación también me enseñó que no puedo dejar solo al contratista demasiado tiempo, ya que hizo algunos ajustes creativos por su cuenta. Esta vez, no voy a dejarlo solo durante mucho tiempo. La remodelación no será tan fácil como pasar las páginas de la revista *Architectural Digest*, pero habrá una luz al final del túnel.

2

LOS SESGOS DE CONFIRMACIÓN:
Cómo podemos equivocarnos al tratar de tener razón

A última hora de una tarde, mientras terminaba algo de trabajo en mi despacho, recibí una llamada de Bisma (nombre ficticio), una antigua consejera y una de mis alumnas más brillantes de la asignatura «Thinking». Parecía molesta y, como no es una persona que se altere fácilmente, dejé lo que estaba haciendo y le presté atención.

Me dijo que acababa de salir de la consulta de un nuevo médico. Bisma había tenido extraños problemas de salud desde que estaba en el instituto. No podía retener la comida, sobre todo por la mañana; a veces tenía tantas náuseas que se desmayaba. En consecuencia, estaba muy delgada. Los médicos habían descartado la mayoría de los motivos habituales, como la enfermedad celíaca, las úlceras y el cáncer de estómago, pero no habían podido averiguar la causa de sus síntomas. Me dijo que había acudido a este nuevo médico porque necesitaba renovar la receta de su medicación contra las náuseas antes de irse un semestre al extranjero, a Nepal y Jordania. El médico la escuchó amablemente mientras describía sus síntomas. Luego le preguntó: «¿Le gusta vomitar?».

Para Bisma estaba claro que sospechaba de anorexia. Estaba tan desconcertada que no recordaba exactamente cómo transcurrió el resto de la conversación, pero al reconstruirla, fue más o menos así:

Bisma: No, no me gusta vomitar.

Médico (piensa para sus adentros, *Cómo no, niega su problema*): ¿Le gusta la comida?

Bisma (se pregunta que a quién en su sano juicio le gustaría la comida si padeciera problemas digestivos crónicos como los suyos): No.

Médico (piensa para sus adentros, *Lo que sospechaba. Ahora sí que podemos avanzar*): ¿Pretende suicidarse?

Bisma: ¡No!

Llegados a ese punto, Bisma estaba tan enfadada que se fue de la consulta. El médico, que debió interpretar su reacción como una negación histérica, se convenció aún más de su diagnóstico y supuso que ella no solo huía de su consulta, sino también de sus problemas. La siguió hasta la sala de espera y le gritó delante de los demás pacientes: «¡Vuelva a mi consulta! Tiene un problema grave». En lugar de hacer eso, ella corrió hasta su coche y me llamó.

Bisma se fue a hacer su programa de estudios en el extranjero, pero lo cancelaron a mitad del semestre a causa del Covid-19. Durante los dos meses que estuvo fuera, sus síntomas desaparecieron. Nadie sabe con seguridad qué le causaba las náuseas y la pérdida de peso, pero Bisma ahora piensa que quizás era alérgica a algo que había en Estados Unidos y que el tiempo que pasó fuera del alcance de la fuente de los alérgenos le sirvió para que su sistema inmunitario se recuperara. Lo que sabemos con seguridad es que nunca fue tratada por anorexia y que sus niveles de estrés no habían disminuido con la aparición de una pandemia y la interrupción de sus planes para su tercer año.

Aunque ahora sabemos que el diagnóstico de anorexia de su médico era erróneo, también podemos ver por qué estaba tan seguro de su diagnóstico. Bisma estaba extremadamente delgada; se habían descartado la mayoría de las causas comunes que provocaban sus síntomas; le había dicho al médico que no le gustaba la comida; y mostraba un rechazo inusualmente fuerte a posibles problemas psicológicos. Donde el médico se equivocó fue en preguntarle solo por las cosas que confirmaban sus sospechas, y en preguntarle de tal manera que se mantuvieran confirmadas, independientemente de la respuesta de ella.

El problema 2-4-6 de Wason

Intenta resolver este problema: voy a darte una secuencia de tres números. La secuencia la determina una simple regla que tienes que tratar de averiguar. Recuerda que la regla va sobre la secuencia, es decir, sobre la relación entre los tres números. La forma en la que lo averiguarás será dándome tu propia secuencia de tres números. Cada vez que me propongas una secuencia, te diré si sigue la regla o no. Puedes intentar tantas combinaciones como quieras. Cuando estés seguro de haber descubierto la regla, dímela y yo te diré si es la misma que yo he usado para generar mi secuencia.

¿Listo? Estos son los tres números: 2, 4, 6.

¿Qué tres números me dirías? Deja que te ilustre con lo que normalmente suele pasar en los experimentos en los que se usa este problema. Digamos que un estudiante llamado Michael es quien lo intenta y que yo soy la persona que realiza el experimento. Michael responde 4, 6, 8 y yo le digo que su secuencia sigue la regla. Michael cree que la sabe y me dice: «Es muy sencilla. La regla es que tienen que ser números pares que deben avanzar de dos en dos». Yo le respondo que ese razonamiento es incorrecto.

Así que Michael revisa su hipótesis. «De acuerdo, vale. Puede que no tenga que ver con los números pares, sino con cualquier tipo de número siempre que se avancen de dos en dos». Orgulloso de haber llegado a esa conclusión, prueba con la combinación

3, 5, 7 y piensa que más vale que esta vez la respuesta sea correcta. De hecho, le digo que es correcta y él, para tratar de asegurarse, prueba con 13, 15, 17, y vuelvo a decirle que es correcta. De manera que afirma triunfalmente «¡¡¡La regla es que vale *cualquier* número siempre y cuando avancen de dos en dos!!!». Le digo que esa tampoco es la regla. Michael sacó un diez en el examen de matemáticas de selectividad, así que esta prueba le está hiriendo el ego. Vuelve a intentarlo:

Michael: -9, -7, -5.
Yo: Correcto.
Michael: Mmm. Vale, ¿y 1004, 1006, 1008?
Yo: Correcto.
Michael: Dios, ¿cómo es posible entonces que la regla no
      sea que vale cualquier número siempre y cuando se
      lleven dos?

Michael hizo lo que la mayoría de los participantes del famoso experimento del problema 2-4-6 de Peter Wason hacen. Puso a prueba su hipótesis reuniendo pruebas que la confirmaran. Confirmar los datos es necesario, pero no es suficiente, porque también necesitas *desconfirmar* tu hipótesis. Para enseñarte cómo hacerlo, empecemos por revisar las secuencias que he dicho que se formaban según la regla:

2, 4, 6
4, 6, 8
13, 15, 17
-9, -7, -5
1004, 1006, 1008

Lo cierto es que hay un número infinito de posibles reglas que estos números cumplen. Números que avanzan de dos en dos y que tienen la misma cantidad de cifras. Números que avanzan de dos en dos y que son superiores a -10. Números que avanzan de dos en dos y que son superiores a -11. Y muchas más.

No podemos probar todas esas hipótesis, pero lo importante es que cuando hay tantas reglas posibles para explicar los mismos datos, considerar solo la primera hipótesis que se te ocurre no te permitirá encontrar la que se corresponde con este caso.

Siguiendo esta línea de pensamiento, Michael decide pensar en una regla alternativa: «Números que son el resultado de sumar siempre el mismo número». Para desconfirmar su hipótesis original y probar su alternativa, me da la secuencia 3, 6, 9. Le digo que es correcta.

> Michael: Ya lo tengo. ¿Y 4, 8, 12?
> Yo: Correcto.
> Michael (hace uso de una elaborada ecuación para demostrar que no es tonto): Vale, estoy seguro de que es X + K donde X se corresponde con cualquier número y K es una constante.
> Yo: Incorrecto.

Lo que Michael debería hacer es volver a intentar desconfirmar su hipótesis, pero como está verdaderamente frustrado, genera una secuencia al azar.

> Michael: ¿Y 4, 12, 13?
> Le sonrío y le digo que es correcto, que cumple con la regla.
> Michael: ¿CÓMO?

Esa era la prueba crítica, una que no cumpliera con la hipótesis que él estaba tratando de demostrar en ese momento. Después de dudar unos minutos, Michael pregunta: «¿5, 4, 3?».

Niego con la cabeza. Esa secuencia no sigue la regla.

Mostrándose mucho más humilde esta vez, Michael hace un nuevo intento: «¿La regla es que vale cualquier número superior al primero de la secuencia?».

A lo que yo respondo: «¡Correcto! Esa es la regla».

El sesgo de confirmación

Peter C. Wason fue un psicólogo cognitivo que trabajó en la Universidad pública de Londres. Diseñó el famoso problema 2-4-6 en 1960, la primera demostración práctica de lo que se conocía como el sesgo de confirmación, es decir, nuestra tendencia a confirmar aquello en lo que ya creemos. En aquel tiempo casi todos los psicólogos del razonamiento asumían que los humanos son seres lógicos y racionales. Tal y como uno podría esperar del psicólogo que acuñó el término «sesgo de confirmación», Wason desconfirmó su creencia popular.

En el primer experimento de Wason con el problema[9], solo una quinta parte de los participantes dio con la regla correcta sin decir primero las incorrectas. Wason se quedó tan sorprendido por el número de personas que no podían resolver este problema tan aparentemente sencillo que pensó que la dificultad podía estar en la estructura del propio experimento, así que buscó la forma de solucionarlo. Cuando el experimento se repitió en Harvard, se dijo a los participantes que solo tenían una oportunidad para dar la respuesta correcta. Esperaba que eso les obligara a no precipitarse. Aun así, el 73 % de los participantes dijo una regla incorrecta.

Algunos incluso se resistieron, e insistían diciendo: «No puedo equivocarme ya que mi regla es correcta para esos números», o «Las reglas son relativas. Si tú fueras el sujeto y yo el que realiza el experimento, yo tendría razón». Uno de los participantes no dijo ninguna regla, pero resultó desarrollar síntomas psicóticos durante el experimento (nadie sabe por qué) y tuvo que ser trasladado al hospital en ambulancia. Otro participante propuso una regla impresionante: «O el primer número es igual al segundo menos dos, y el tercero es aleatorio pero mayor que el segundo, o el tercer número es igual al segundo más dos, y el primero es aleatorio pero menor que el segundo». Se explayó durante cincuenta minutos antes de darse por vencido.

Teniendo presente el problema 2-4-6, volvamos al encuentro de Bisma con el médico: este le diagnosticó anorexia y solo le hizo preguntas que confirmaran esa creencia. Por tanto, las respuestas confirmaban siempre su teoría: una mujer joven que vomita con frecuencia está muy delgada, no disfruta de la comida y reacciona de forma exagerada a las preguntas sobre posibles problemas mentales.

Sin embargo, al igual que en el problema 2-4-6, había un número infinito de posibles explicaciones que también serían coherentes con este conjunto de pruebas. Ni siquiera consideró una alternativa muy plausible: que Bisma tuviera una enfermedad inusual que le provocara vómitos, y que estuviera harta de los médicos que no entendieran su problema. Para comprobar esta posibilidad, el médico debería haberle hecho preguntas como: «¿Crees que estás gorda cuando los demás dicen que estás delgada?» y «¿Te pones enferma cuando te sientes llena?». Bisma habría respondido gustosamente «no» a ambas preguntas, aportando pruebas que habrían hecho que el médico estuviera menos seguro de su diagnóstico inicial.

El agua Evian

A veces la gente nos engaña a propósito por la forma en la que presenta las pruebas, tal y como pasó con el anuncio del agua Evian, que circuló en el Reino Unido en 2004. El anuncio mostraba a una hermosa mujer desnuda, que tenía algunas partes del cuerpo estratégicamente ocultas por una bicicleta y que mostraba con orgullo su piel brillante. El texto de la parte inferior de la imagen decía: *Consigue una piel tan buena que querrás mostrarla. El 79 % de las personas que beben un litro más de agua mineral natural pura Evian al día nota que su piel está más suave, más hidratada y, en consecuencia, visiblemente más joven.*

Esto suena muy convincente, pero antes de pedir una caja de agua Evian para preparar tu próximo viaje a la playa, acuérdate del problema 2-4-6. La regla resultó ser mucho más amplia que las hipótesis que idearon sujetos como Michael; no se trataba de una ecuación compleja, sino de cualquier número creciente. Del mismo modo, la verdad detrás de los resultados del estudio citados en el anuncio podría haber sido que beber un litro más de cualquier agua da como resultado una piel brillante y visiblemente más joven, ya sea Poland Spring, Fiji, Dasani o incluso agua del grifo, que sería mucho más barata. Los lectores del anuncio de Evian que no tienen en cuenta estas otras posibilidades son víctimas del sesgo de confirmación, que les induce a pensar que solo Evian puede hacerles parecer más jóvenes.

Los ascensores

He aquí otra aplicación del problema 2-4-6, que es posible que muchos lectores hayan experimentado: el botón para cerrar las puertas del ascensor. Cuando vas tarde o simplemente eres una persona impaciente, pulsas el botón hasta que las puertas se cierran. Luego, si eres como yo, respiras hondo y disfrutas de la satisfacción de saber que te has ahorrado un par de segundos preciosos de espera, pero ¿cómo sabes que presionar el botón para cerrar las puertas es lo que hace que las puertas se cierren? Podrías decir que lo sabes porque siempre que lo has presionado las puertas se han cerrado, pero, como también sabes, las puertas del ascensor se cierran aunque no le des al botón de cerrar, porque tienen un temporizador. ¿Cómo sabes que las puertas se han cerrado porque tú le has dado al botón y no por el temporizador?

Gracias a la ley de estadounidenses con discapacidades, las puertas de los ascensores deben permanecer abiertas el tiempo suficiente para que cualquier persona que utilice muletas o una silla de ruedas pueda entrar. Según Karen Penafiel, directora ejecutiva de la asociación comercial National Elevator Industry, Inc., los botones de cierre de las puertas de los ascensores no funcionan hasta que se supera ese tiempo de espera. Así que, a partir de ahora, puedes pasar los segundos que pasas esperando a que se cierren las puertas de tu ascensor, conociendo pacientemente las trampas del sesgo de confirmación.

El espray para monstruos

Hace muchos años, aproveché el sesgo de confirmación para consolar a mi hijo. Cuando tenía 5 años, mi marido se convirtió en el director (antes llamado «Maestro») de uno de los colegios residenciales de la Universidad de Yale, que son como Gryffindor o Slytherin en los libros de Harry Potter. Nos mudamos a la casa del director del Colegio de Berkeley, que es una mansión gigantesca construida para alojar al director y a su familia y también para organizar eventos para los estudiantes. La casa está decorada siguiendo el estilo clásico de Yale, que es viejo, oscuro, gótico y repleto de retratos de gente que no sonríe. Basta con que te imagines Hogwarts.

Cuando llegó Halloween, los alumnos decoraron la casa para una de las fiestas más esperadas del año, y la transformaron en una casa encantada colocando telas de araña, ataúdes, calaveras y ese tipo de cosas por todas partes. La decoración era tan convincente que mi hijo se asustó mucho y quiso volver a nuestra antigua casa.

Así que llené una botella de espray con agua y le dije que era un espray para monstruos. Lo llevamos a todas las habitaciones de la casa y lo roció. Desde entonces, no se ha visto ni un solo monstruo en la casa.

La «mala» sangre

Comunidades enteras pueden ser víctimas del sesgo de confirmación de manera colectiva durante años, décadas y siglos. La práctica conocida como sangría es un caso que se cita a menudo. Desde la antigüedad hasta finales del siglo XIX, los curanderos occidentales creían que si se extraía la «mala» sangre de un paciente cuando estaba enfermo, sus dolencias mejorarían. Es de suponer que George Washington murió por este tratamiento cuando su médico le extrajo 1,7 litros de sangre para tratar una infección de garganta. ¡Imagina dos botellas de vino llenas de sangre! ¿Cómo pudieron nuestros inteligentes antepasados creer durante más de dos mil años que drenar una parte vital de lo que nos mantiene en marcha podía ser beneficioso? Cuando nació Washington, ya habían descubierto que la Tierra es redonda y Sir Isaac Newton había formulado las tres leyes físicas del movimiento, pero seguían pensando que drenar sangre era la bomba.

Aun así, si nosotros estuviéramos en su situación, quizá no habríamos sido muy diferentes. Imagínate en el año 1850, tienes un dolor de espalda insoportable. Has oído que, en 1820, al rey Jorge IV le sangraron 0,33 litros y siguió viviendo otros diez años; también has oído que una sangría curó el insomnio de tu vecino; y lo que es más importante, has oído que, en general, aproximadamente tres cuartas partes de las personas que enfermaron y a las que se les extrajo sangre mejoraron (me estoy inventando estas cifras a título ilustrativo). Los datos parecen convincentes, así que pruebas la sangría y te sientes mejor.

No obstante, aquí está el truco. Supongamos que hay cien personas enfermas a las que no se les extrajo sangre, y que setenta y cinco de ellas también mejoraron. Ahora se puede ver que tres cuartas partes de las personas mejoran independientemente de si se les extrae sangre o no. Es posible cometer un error como este porque nuestros cuerpos tienen la capacidad de curarse a sí mismos la mayor parte del tiempo. Sin embargo, la gente se olvidó de comprobar qué pasaría si no se realizaba la sangría porque se centró únicamente en las pruebas que confirmaban sus hipótesis.

El cuestionario

Cuando doy una clase sobre el sesgo de confirmación, planteo a los alumnos el problema 2-4-6 y todos los ejemplos que he tratado hasta ahora en este capítulo, y al final de la clase les hago un cuestionario. Una de las preguntas que utilizo[10] está tomada del libro *The Rationality Quotient: Toward a Test of Rational Thinking*, de Keith Stanovich, Richard West y Maggie Toplak, que puede ilustrar lo complicado que puede ser percibir el sesgo de confirmación.

> Un investigador que esté interesado en la relación entre la autoestima y las dotes de liderazgo toma muestras de 1000 individuos identificadas por sus dotes de liderazgo. El investigador descubre que 990 de estas personas tienen una autoestima muy alta, mientras que 10 tienen la autoestima baja. Ante la ausencia de cualquier otra información, ¿cuál es la mejor conclusión que se puede extraer de estos datos?
>
> (a) Hay una asociación fuerte y positiva entre la autoestima y las dotes de liderazgo.
> (b) Hay una asociación fuerte y negativa entre la autoestima y las dotes de liderazgo.

(c) No existe ninguna asociación entre la autoestima y las dotes de liderazgo.

(d) No se puede sacar ninguna conclusión de estos datos.

Si has elegido la respuesta (a), eres como un tercio de mis estudiantes. La respuesta es incorrecta.

No te lo digo para burlarme de mis alumnos. Sé a ciencia cierta que entre los alumnos que se equivocaron en esta pregunta había niños con altas capacidades educativas, estudiantes de bachillerato y campeones nacionales de concursos de matemáticas y debate. Además, son estudiantes que están muy motivados para acertar esta pregunta con el fin de obtener una nota media de 10, pero el sesgo de confirmación puede ser poderosamente engañoso, incluso cuando acaban de estudiarlo.

Al igual que en el problema 2-4-6, la hipótesis de que una alta autoestima está asociada a un buen liderazgo es una primera hipótesis plausible y, además, el 99 % de los datos parecen respaldarla. Entonces, ¿cómo podría ser errónea? Una vez más, el problema es que el investigador que formuló la hipótesis no disponía de datos sobre personas con escasas dotes de liderazgo. Si el 99 % de las personas con escasas dotes de liderazgo también tienen una alta autoestima, entonces no podemos concluir que exista una asociación positiva entre liderazgo y autoestima. Dado que el investigador no disponía de esos datos, la respuesta correcta es (d). No se puede sacar ninguna conclusión de estos datos.

¿Por qué el sesgo de confirmación es malo para ti?

Hasta ahora, el sesgo de confirmación puede no parecer perjudicial para la persona que incurre en él. El problema 2-4-6 parece enrevesado, diseñado intencionadamente para engañar a la gente, de modo que quienes no lo resuelven no se sienten permanentemente abatidos por su fracaso. El diagnóstico erróneo de anorexia perjudicó a Bisma, pero no al médico que lo hizo gracias a su sesgo de confirmación. Como no tenemos científicos siguiéndonos en la vida real para informarnos de si nuestras conclusiones son correctas o incorrectas, los que manifestamos un sesgo de confirmación puede que nunca descubramos cuántas de nuestras conclusiones son erróneas. Es probable que el médico de Bisma aún no sepa lo erróneo que fue su diagnóstico, a menos que lea este libro. Dado que es posible que quienes incurren en el sesgo de confirmación ni siquiera se den cuenta de que su conclusión era errónea, ¿puede el sesgo de confirmación perjudicar directamente a quienes incurren en él? Por supuesto que sí. Puede perjudicar tanto a los individuos como a las sociedades.

Los perjuicios individuales

Hablemos primero de los individuos. El sesgo de confirmación hace que uno tenga una visión inexacta de sí mismo. Esto puede ocurrir de la siguiente manera.

Muchos de nosotros queremos entendernos mejor a nosotros mismos y tener una idea honesta de dónde estamos en nuestras vidas y en el mundo. Nos hacemos preguntas como: «¿Hay problemas en mi matrimonio?», «¿Soy competente?», «¿Soy simpático?». Queremos respuestas definitivas y objetivas sobre nuestra personalidad, coeficiente intelectual, inteligencia emocional y edad «real». Nuestro profundo interés en nosotros mismos explica la proliferación de todos esos «test» que hay en Internet y en las revistas con títulos como «¿Qué dice de ti tu …?» (puedes rellenar el espacio en blanco con tu *letra, risa, música, comida, película, novela*, o lo que quieras *favorita*).

Imagina que una persona llamada Fred se fija en un anuncio de Internet que pregunta: «¿Tienes ansiedad social?». Fred siente curiosidad, así que paga 1,99 dólares para hacer el test. Cuando termina, le dicen que ha sacado una puntuación alta en ansiedad social, lo que lo sitúa en el percentil setenta y cuatro. Al principio, Fred se muestra escéptico, pero ahora que lo piensa, ha habido momentos en los que ha sentido ansiedad social. Tuvo problemas para articular sus ideas en la última reunión de personal y le da pavor ir a fiestas de cóctel. Con todos estos ejemplos reveladores que acaba de recordar, ahora está convencido de que padece ansiedad social. Sin embargo, al igual que en el problema 2-4-6, se olvidó de recordar los ejemplos que no lo confirman, como la reunión de personal de hace tres semanas, en la que señaló, sin sudar, los fallos de la política actual, o el hecho de que le gusta hablar con la gente siempre que no sea durante las fiestas. Por desgracia, se ha convencido a sí mismo de que padece ansiedad social, por lo que es posible que evite las situaciones sociales incluso más de lo que lo hacía antes. Esto es lo que se conoce como profecía autocumplida.

He aquí otro ejemplo de cómo el sesgo de confirmación puede perjudicar a quienes incurren en él, y esta vez relacionado con la alta tecnología: las pruebas de ADN. Hoy en día es fácil hacerse un perfil genético a través de empresas de venta directa al consumidor como 23andMe. Basta con pagar unos 100 dólares para obtener los informes de tus antepasados y, con otros 100 dólares, puedes averiguar tus predisposiciones de salud, como si eres propenso a la diabetes tipo 2 o al cáncer de mama y ovarios. Según una estimación, más de veintiséis millones de personas[11] en Estados Unidos compraron pruebas genéticas directas al consumidor a principios de 2019.

No obstante, es fácil malinterpretar los resultados de las pruebas. Algunas personas pueden creer que los genes determinan nuestras vidas. Los genes no lo hacen, porque siempre interactúan con el entorno. Incluso cuando las personas no creen necesariamente que los genes son su destino, el sesgo de confirmación podría hacerles reescribir su propia historia cuando intentan encontrar el sentido de sí mismos a la luz de los resultados de sus pruebas genéticas[12]. En un estudio en el que colaboré con Matt Lebowitz, antiguo estudiante de doctorado mío y ahora profesor adjunto en la Universidad de Columbia, investigamos esa posibilidad.

En primer lugar, reclutamos a cientos de voluntarios que nos facilitaron su dirección postal para recibir un paquete con el material del experimento; se les dijo que recibirían una compensación por participar en el estudio. Los paquetes que recibieron incluían instrucciones sobre cómo acceder a nuestro experimento en línea y un pequeño recipiente de plástico con una etiqueta en la que se leía «Kit de autoanálisis de saliva para ácido 5-hidroxiindolacético», «Fabricado en Estados Unidos», con su fecha de caducidad. Tras dar su consentimiento informado en línea, los participantes se enteraron de que, como parte del estudio, se someterían a una prueba de saliva que mediría su predisposición genética a la depresión (los participantes eran libres de retirarse del estudio en cualquier momento sin perder la compensación).

A continuación, se les indicó que abrieran el recipiente de plástico y sacaran de él un vial de enjuague bucal y una tira reactiva. Además, se les pidió que se enjuagaran la boca con el colutorio y lo escupieran. Sin que lo supieran, el enjuague bucal no contenía nada más que enjuague bucal normal con azúcar mezclado por mis ayudantes de investigación. A continuación, se les dijo que se colocaran la tira reactiva del recipiente debajo de la lengua. Las instrucciones les decían que la tira era sensible al ácido 5-hidroxiindolacético, que sirve para detectar la susceptibilidad genética a la depresión mayor. La tira reactiva era, en realidad, una tira reactiva de glucosa, de modo que cuando la colocaban bajo la lengua, el color cambiaba debido al azúcar del enjuague bucal que acababan de utilizar. Los participantes hacían clic en el color que veían en la tira y se les decía que a continuación se les informaría lo que ese color indicaba.

En ese momento, nuestro programa experimental asignó aleatoriamente a los participantes a uno de dos grupos. A un grupo se le dijo que el color que habían introducido indicaba que no eran genéticamente susceptibles a la depresión mayor. Al otro grupo se le dijo que el color indicaba que sí lo eran. Llamémosles grupo de ausencia de genes y grupo de presencia de genes, respectivamente.

Después de recibir los comentarios, los participantes realizaron el Inventario de Depresión de Beck II, comúnmente conocido como BDI-II. Se trata de una medida de la depresión bien validada, que pregunta a los encuestados sobre los niveles de diversos síntomas depresivos que han experimentado en las últimas dos semanas. Por ejemplo, para la «tristeza», se les dio a elegir entre «no me siento triste», «me siento triste», «estoy triste todo el tiempo y no dejo de estarlo» y «estoy tan triste o infeliz que no puedo soportarlo».

No tenemos forma de comprobar si las respuestas de nuestros participantes eran un reflejo exacto de cómo habían sido sus dos últimas semanas. Lo que sí *podemos* afirmar es que, dado que los participantes recibieron una de las dos condiciones de retroalimentación genética al azar, no hay razón para esperar que un grupo haya tenido dos semanas más deprimentes que el otro. Algunos participantes podrían haber tenido semanas peores que otros, pero estas variaciones se habrían equilibrado gracias a la asignación aleatoria de un gran número de participantes.

No obstante, el grupo con predisposición genética obtuvo puntuaciones significativamente más altas en el BDI-II que el grupo sin predisposición genética. Es decir, aunque se les asignó aleatoriamente a recibir una de las dos retroalimentaciones genéticas, aquellos a los que se les dijo que estaban genéticamente predispuestos informaron de más depresión en las dos semanas anteriores que los que se enteraron de que no estaban genéticamente predispuestos. Además, la puntuación media del BDI-II del grupo sin predisposición genética fue de 11,1, una puntuación que se clasifica como sin depresión, mientras que la puntuación media del grupo con predisposición genética fue de 16,0, que se clasifica como con depresión.

El sesgo de confirmación puede explicar fácilmente esta pseudodepresión. Al enterarse de que eran genéticamente susceptibles a la depresión mayor, los participantes debieron de buscar momentos en los que se sintieron decaídos para dar sentido a los resultados de sus «pruebas genéticas». Puede que recordaran la noche en que no pudieron conciliar el sueño hasta las dos de la madrugada, la mañana en que no estaban motivados para ir a trabajar o ese viaje en metro en el que no podían dejar de preguntarse por el sentido de sus vidas. Todas esas pruebas que no hacían más que confirmar sus hipótesis les hicieron creer que sus dos últimas semanas fueron más deprimentes de lo que realmente fueron.

Antes de seguir adelante, me gustaría dejar clara esta naturaleza engañosa del estudio, ya que a menudo recibo preguntas al respecto. El procedimiento experimental se desarrolló tras un amplio debate con la Junta de Revisión Institucional de la Universidad de Yale, que supervisa la protección de los sujetos humanos. Al finalizar el estudio, se informó a los participantes del engaño y del valor científico del estudio y se les facilitó nuestra información de contacto. Hasta la fecha, no hemos recibido ninguna notificación de efectos adversos. Una participante nos envió un correo electrónico para preguntarnos por la marca del colutorio que utilizábamos, porque no le gustaban todos los colutorios del mercado pero pensaba que el nuestro sabía muy bien; tuvimos que recordarle que era porque le habíamos añadido azúcar.

Debido a un contratiempo, acabamos teniendo aún más pruebas del poder del efecto de confirmación. Justo después de empezar el estudio, recibimos una llamada de un agente de policía de Atlanta, Georgia, que nos dijo que alguien había llevado un paquete sospechoso que había recibido por correo, y que en él habían encontrado nuestro número de contacto. Según el agente, la mujer que llevó el paquete a la comisaría había preguntado a sus familiares si alguno de ellos lo había pedido y nadie lo reclamó. Curiosamente, también informó que, cuando llegó el paquete, ¡todos los miembros de su familia empezaron a sentir picores! Como creían que el paquete podía contener algo nocivo como ántrax, supusieron que los picores habían sido causados por el contenido del paquete. ¡Fue un ejemplo de los efectos del sesgo de confirmación en la vida real!

La mujer que llevó el paquete al policía solo perdió una o dos horas de su día, y el familiar que se apuntó a nuestro estudio pero luego negó haberlo hecho perdió los 10 dólares que habría recibido por su participación. Sin embargo, el tipo de sesgo de confirmación que reveló el estudio, así como mi ejemplo anterior de un test de personalidad, ilustra un peligro potencialmente mucho más profundo del sesgo de confirmación, que son los círculos viciosos. Es lo que ocurre cuando se parte de una hipótesis provisional que se vuelve más segura y extrema a medida que se acumulan exclusivamente pruebas confirmatorias, lo que a su vez provoca que se busquen aún más pruebas confirmatorias.

Ninguna prueba genética o test de personalidad puede dar respuestas definitivas sobre quién es una persona. Los resultados de estas pruebas son siempre probabilísticos. Esto se debe a que pueden ser imperfectas, pero sobre todo a que así es el mundo. Por ejemplo, el gen BRCA1, que se hizo famoso gracias a la decisión de Angelina Jolie de someterse a una doble mastectomía cuando dio positivo en tenerlo, se considera una de las variantes genéticas más informativas, ya que predice entre un 60 y un 90 % de probabilidades de desarrollar cáncer de mama. Sin embargo, un poder predictivo tan elevado es extremadamente raro, porque hay muchísimos factores no genéticos, así como múltiples genes que interactúan entre sí, que determinan los resultados reales. Del mismo modo, los test de personalidad, que se desarrollaron para su uso en la contratación laboral y el asesoramiento psicológico, así como para ayudarnos a comprendernos a nosotros mismos, proporcionan información muy descontextualizada; una persona que se muestra agradable en un test concreto puede no serlo en un entorno diferente o al realizar otro tipo de tarea.

No niego que estas pruebas puedan ser útiles. Tengo previsto hacerme pronto una prueba genética personalizada para conocer mis riesgos de salud y poder ser más proactiva en los aspectos de mi vida que puedo controlar. Además, saber qué lugar ocupo entre la población general en cuanto a introversión-extroversión o apertura mental puede darme ideas útiles sobre mis interacciones sociales.

No obstante, el sesgo de confirmación puede llevarnos fácilmente a una visión mucho más exagerada e inválida de nosotros mismos. Una vez que empezamos a creer que estamos deprimidos, podemos actuar como una persona deprimida, haciendo predicciones profundamente pesimistas sobre el futuro y evitando cualquier actividad divertida, lo que haría que cualquiera se sintiera deprimido. Lo mismo ocurre con los pensamientos sobre la propia competencia: una vez que empiezas a dudar de tu capacidad, es posible que evites riesgos que podrían haberte llevado a mayores oportunidades profesionales, y entonces, no te sorprendas, tu carrera terminará, ya que parecerá que careces de las competencias necesarias para seguir desarrollándola. También puede funcionar en sentido contrario: una persona puede sobrevalorarse a sí misma, recordando selectivamente sus logros e ignorando sus fracasos, y acabar en un lugar igual de malo. Debido a estos círculos viciosos, creo que el sesgo de confirmación es el peor de los sesgos cognitivos que conozco.

Tal y como veremos a continuación, estos círculos viciosos también pueden operar a nivel social.

Perjuicios sociales

Podemos empezar con un episodio que ocurrió en mi propia familia. Cuando mi hija estaba en primer curso, mi marido recibió el prestigioso Premio Troland de la Academia Nacional de Ciencias. Toda la familia fue a Washington D.C. para la ceremonia. Mientras esperábamos a que empezara el acto, mi marido estaba sentado en el escenario con docenas de otros galardonados de diversos campos de la ciencia, y mis dos hijos y yo estábamos entre el público, junto con algunos de los mejores científicos de Estados Unidos.

En un momento dado, mi hija me preguntó en voz muy alta: «MAMÁ, ¿CÓMO ES QUE HAY MÁS CHICOS QUE CHICAS ARRIBA?». Aunque estupefacta, me sentí enormemente orgullosa de ella por observar lo que pasaba a su alrededor. Al mismo tiempo, me sentí avergonzada, no por el tono de voz de mi hija, sino por el hecho de no haberme dado cuenta yo misma de esa flagrante muestra de desequilibrio de género en el escenario. Como científica, probablemente me había acostumbrado tanto a ver más hombres que mujeres en este campo que ya no me daba cuenta, aunque resultaba obvio para una niña que no tenía ninguna idea preconcebida de nuestra sociedad.

No tenía ni idea de cómo empezar a responder a la pregunta de mi hija de 7 años en ese momento y, afortunadamente para mí, la ceremonia empezó unos instantes después. No obstante, aquí está mi tardía respuesta: la razón por la que había más hombres que mujeres recibiendo premios no es porque «*solo* los hombres pueden ser buenos en ciencias». La verdad es análoga a la respuesta «cualquier número creciente» al problema 2-4-6: tanto hombres como mujeres pueden ser buenos en ciencias. Pero nuestra sociedad ha caído en el sesgo de confirmación cuando se habla del hombre y la ciencia.

Tradicionalmente, casi todos los científicos eran hombres. La mayoría de las personas a las que se permite continuar en su campo hacen un buen trabajo. Así, se desarrolló la noción predominante de que los hombres son mejores en ciencias. A las mujeres apenas se les dio la oportunidad de demostrar que también podían ser buenas científicas. Por lo tanto, teníamos pocas pruebas que pudieran refutar la creencia de que solo los hombres son buenos en ciencias.

Como la sociedad cree que los hombres son mejores en ciencias que las mujeres, la sociedad sigue funcionando en base a esa suposición. Cuando los estudiantes varones dicen algo perspicaz durante un seminario o en una clase reciben más elogios que las estudiantes mujeres que dicen cosas similares. Los hombres tienen más probabilidades de ser contratados y recibir salarios más altos que las mujeres que tienen idénticas credenciales. En consecuencia, hay más científicos eminentes que científicas eminentes, hecho que a su vez respalda la idea de que los hombres son mejores científicos que las mujeres. Lo que se necesita para probar racionalmente esta noción es intentar falsificar esta hipótesis dando a las mujeres oportunidades justas. En términos de la falacia de razonamiento cometida, dar solo a los hombres las oportunidades y concluir que son mejores no es diferente a que un niño crea que el espray para monstruos funciona porque lo roció en todas las habitaciones y no ha visto ningún monstruo desde entonces. Tenemos que superar esta falacia.

¿Cómo perjudica a nuestra sociedad este tipo de sesgo de confirmación? Por supuesto, es una violación del principio moral fundamental de que todos los seres humanos deben ser tratados por igual. Además, el sesgo de confirmación es irracional, pero ¿tiene consecuencias negativas aún más tangibles para nuestra sociedad? Sí.

He aquí un ejemplo concreto. Acabo de escribir «científicos que desarrollaron la vacuna Covid-19» en un motor de búsqueda para ver cuántas mujeres científicas aparecían en los primeros puestos. Para no incurrir yo misma en el sesgo de confirmación, no he tecleado «*científicas* que...». El primer resultado fue la Dra. Özlem Türeci, la mitad de la poderosa pareja a la que se atribuye el desarrollo de la vacuna Covid-19 de Pfizer-BioNTech. (La otra mitad es su marido, el Dr. Uğur Şahin, y ambos son fundadores de BioNTech). La Dra. Katalin Karikó también apareció como una de las científicas detrás de la vacuna Pfizer-BioNTech, y se la menciona como una aspirante muy prometedora al Premio Nobel de Química. El cuarto nombre que vi era también el de una científica, la Dra. Kathrin Jansen, vicepresidenta senior y jefa de investigación y desarrollo de vacunas en Pfizer Inc. ¿Y la vacuna Moderna? Según el Dr. Anthony Fauci, «Esa vacuna fue desarrollada en realidad en el centro de investigación de vacunas de mi instituto [Institutos Nacionales de Salud] por un equipo de científicos dirigido por el Dr. Barney Graham y su estrecha colaboradora, la Dra. Kizzmekia Corbett», una científica negra que también ha dedicado su tiempo a ayudar a las comunidades de color a superar las dudas sobre las vacunas. Todos estos nombres aparecían en la primera página de los resultados de mi búsqueda. Solo había dos hombres entre ellos. Imagina cómo sería el mundo ahora mismo si alguna de estas científicas hubiera sido disuadida de seguir estudiando por sus padres y profesores, si se hubiera fijado en el número de hombres premiados por sus logros científicos y hubiera asumido, como tantos, que las mujeres no podían hacer ciencia.

No es complicado ver cómo cualquier estereotipo basado en la raza, la edad, la orientación sexual o el origen socioeconómico puede funcionar de la misma manera. Cuando solo a unos pocos miembros de grupos minoritarios se les dan oportunidades para demostrar sus capacidades en determinados campos, obviamente, son pocos los que destacan en esos campos. Eso no solo da una mala imagen de la sociedad, sino que nos roba a todos los avances que se conseguirían con una reserva más amplia de talento. Un informe de 2020 del grupo Citibank cuantificó las formas en que la discriminación basada en la raza y la falta de igualdad de oportunidades perjudican a Estados Unidos. Si nuestra sociedad hubiera invertido por igual en la educación, la vivienda, los salarios y las empresas de los estadounidenses blancos y negros durante los últimos veinte años, Estados Unidos habría sido 16 billones de dólares más rico. En caso de que esa cifra sea demasiado grande para comprenderla, el producto interior bruto de Estados Unidos (el valor de mercado de todos los bienes y servicios acabados producidos en Estados Unidos) fue de 21,43 billones de dólares en 2019. Se llegó a los 16 billones de dólares basándose en los salarios potenciales que los trabajadores negros podrían haber ganado si hubieran obtenido títulos universitarios, las ventas en el mercado inmobiliario que se habrían producido si los solicitantes negros hubieran recibido préstamos para vivienda y los ingresos empresariales que habrían formado parte de la economía si los empresarios negros hubieran recibido préstamos bancarios. Habríamos tenido 16 billones de dólares para hacer frente al cambio climático, arreglar la sanidad y trabajar por la paz mundial, si tan solo no hubiera existido el sesgo de confirmación.

¿Por qué existe el sesgo de confirmación?

Si el sesgo de confirmación es tan malo, ¿por qué seguimos teniéndolo? ¿Cómo ha podido sobrevivir a lo largo de la evolución humana cuando nos perjudica tanto como individuos y sociedades? ¿Confiere el sesgo de confirmación algún beneficio?

Puede sonar irónico, pero el sesgo de confirmación es adaptativo, nos ayuda a sobrevivir, porque nos permite ser «avaros cognitivos». Necesitamos conservar nuestro poder cerebral o energía cognitiva para cosas que son más urgentes para la supervivencia que ser lógicos. Si algún antepasado encontró bayas deliciosas en el bosque X, ¿por qué iba a molestarse en ver si el bosque Y también tenía buenas bayas cuando el bosque X funcionaba tan bien? Mientras pudiera obtener suficientes bayas del bosque X, no importaba mucho si solo el bosque X tenía buenas bayas o si todos los bosques las tenían.

Herbert Simon, que en 1978 fue el primer científico cognitivo en recibir un Premio Nobel (en Economía), planteó una idea similar, pero lo hizo como un principio más general, no limitado al sesgo de confirmación. Para entender su idea, primero hay que saber que en el mundo hay infinitas posibilidades. El número de partidas de ajedrez posibles, incluso con su número limitado de piezas y reglas bien definidas, se estima en 10^{123}, que es mayor que el número de átomos del mundo observable. Imaginemos cuántas versiones posibles de nuestro futuro nos esperan. Así pues, tenemos que detener nuestras búsquedas cuando sean lo bastante satisfactorias. Simon llamó a esto *satisficing*, palabra que creó combinando las palabras inglesas que significan «satisfacción» y «sacrificio».

Estudios posteriores realizados por diversos científicos descubrieron que los individuos varían mucho en cuanto a maximizar o satisfacer los tipos de búsquedas que necesitan hacer a lo largo de su vida. (Para los que les guste hacer test de personalidad, hay pruebas que se pueden hacer gratis en Internet que miden dónde se sitúa uno en la escala de maximizador/satisfactor). Los maximizadores siempre están buscando un trabajo mejor, hasta cuando están satisfechos con el actual, fantasean con vivir una vida diferente o escriben varios borradores incluso de las cartas y correos electrónicos más sencillos. Los satisfechos son los que no tienen muchas dificultades para comprar un regalo para un amigo, se conforman fácilmente con lo segundo o no están de acuerdo en que hay que poner a prueba una relación antes de estar seguros de querer comprometerse con ella.

Curiosamente, los satisfactores son más felices que los maximizadores. Es lógico. En lugar de obsesionarse con la búsqueda de un alma gemela perfecta, los satisfactores pueden sentar la cabeza con alguien lo bastante bueno y disfrutar de la relación. Del mismo modo, disfrutar de bayas suficientemente buenas en un bosque hace a la gente más feliz que intentar averiguar si solo ese bosque ofrece bayas buenas o si otros bosques ofrecen bayas tan buenas o incluso mejores. El sesgo de confirmación podría ser un efecto secundario de nuestra necesidad de satisfacción, de detener nuestra búsqueda cuando es suficientemente buena en un mundo que tiene opciones ilimitadas. Hacer eso puede hacernos más felices y también puede ser más adaptativo. No obstante, el problema del sesgo de confirmación es que seguimos utilizándolo incluso cuando es desadaptativo y nos da respuestas erróneas, como hemos visto a través de los numerosos ejemplos de este capítulo.

Cómo contrarrestar el sesgo de confirmación

Cuando reconocemos el origen adaptativo del sesgo de confirmación, también queda claro lo difícil que sería eliminarlo. En una variación posterior del experimento del problema 2-4-6 llevada a cabo por otros investigadores en un intento de eliminar el sesgo de confirmación, se explicó claramente a los participantes cómo un triplete de números puede demostrarles que su hipótesis es errónea, y que pueden probar su hipótesis con tripletes de números que no creen que se ajusten a la regla. Aunque se trata de una instrucción bastante explícita, no les ayudó a encontrar la regla correcta. La estrategia de intentar probarse a sí mismo que es incorrecta debe ser increíblemente confusa cuando el objetivo es encontrar una regla correcta.

Sin embargo, como el sesgo de confirmación está tan arraigado, podemos aprovecharlo para sobreponernos a él. Esto no es tan paradójico como parece. La clave está en considerar no solo una, sino dos hipótesis mutuamente excluyentes e intentar confirmar ambas. Consideremos una variación del problema 2-4-6 para ver cómo funciona.

Supongamos que tengo dos categorías en mente. Pongámosles nombres arbitrarios para poder seguirlas, digamos DAX y MED. Cada categoría se define en términos de reglas relativas a secuencias de números. Tu trabajo consiste en averiguar cuál es la regla de cada categoría.

Para empezar, te digo que la secuencia 2, 4, 6 pertenece a DAX. Debes averiguar la regla para DAX y también la regla para MED generando secuencias de tres números. Cada vez que generes una secuencia, te diré si es DAX o MED.

Michelle lo intenta. Como la mayoría de la gente, Michelle piensa inicialmente que DAX es un número par que aumenta de dos en dos, así que primero lo comprueba.

Michelle: 10, 12, 14.
Yo: Eso es DAX.
Michelle (que piensa: *Genial, creo que ya sé lo que es DAX, así que MED podría ser un número impar multiplicado por dos. Comprobemos si es correcto*): 1, 3, 5.
Yo: Eso es DAX.
Michelle: ¿¿¿CÓMO???

Fíjate en que, aunque Michelle creía saber qué era DAX, también tenía que averiguar qué era MED. En consecuencia, generó una secuencia de tres números que pensó que sería un ejemplo de MED. Es decir, buscaba pruebas que confirmaran su hipótesis sobre MED. Esa secuencia resultó ser un miembro del grupo DAX, con lo que se dio cuenta de que su hipótesis sobre DAX era errónea. Sigamos observando.

Michelle (que piensa: *Entonces, DAX es CUALQUIER número multiplicado por dos. ¿Qué será MED, entonces? Vale, quizá cualquier número que aumente por algo distinto de dos. Vamos a probar*): ¿Y 11, 12, 13?
Yo: Eso es DAX.

Una vez más, el intento de Michelle de confirmar su hipótesis sobre MED resultó ser una prueba que desconfirmaba su hipótesis sobre DAX. El resto sigue el mismo patrón.

Michelle (que piensa: *Bien, entonces DAX puede ser cualquier número que aumente por una constante. Entonces MED deben ser números que NO aumentan por una constante. Vamos a comprobarlo*): Vale, ¿qué me dices de 1, 2, 5? (a sus adentros está pensando: *Más vale que sea MED*).
Yo: Eso es DAX.
Michelle (*¡Ah, entonces DAX debe ser cualquier número creciente! Entonces MED debe ser un número no creciente. Vamos a comprobarlo*): 3, 2, 1.
Yo: Eso es MED.
Michelle: ¡Bingo! DAX es cualquier número creciente y MED es cualquier número no creciente.
Yo: Correcto.

Al igual que Michelle, el 85 % de los participantes pudo resolver el famoso problema 2-4-6 cuando se les planteó como el descubrimiento de dos reglas[13]. A esto me refería con aprovechar nuestra tendencia a confirmar hipótesis para superar el sesgo de confirmación. Mientras la gente intentaba confirmar su hipótesis sobre MED, desconfirmaba involuntariamente su hipótesis sobre DAX. Cuando una combinación de tres números que pensaban que era un ejemplo de MED y no de DAX resultaba ser DAX, esto revelaba que su hipótesis sobre DAX era errónea y les obligaba a revisarla.

Volvamos ahora a ese estrado de la Academia Nacional de Ciencias en el que estaban mi marido y todos esos científicos, en su mayoría hombres. Podemos aplicar la misma estrategia para eliminar el sesgo de confirmación que es la causa del desequilibrio de género en las ciencias. Supongamos que empezamos con la observación de que hay, digamos, cincuenta grandes científicos en el estrado y que todos son hombres. Eso te lleva a pensar que entiendes lo que hace a los grandes científicos: los cromosomas Y. Del mismo modo que hay que averiguar qué es DAX y qué es MED, ahora hay que resolver qué es lo que hace que haya malos científicos. Dada tu hipótesis sobre los grandes científicos, tu creencia es que las mujeres son malas científicas. Para verificar esa hipótesis, le das a cincuenta mujeres inteligentes la oportunidad de convertirse en científicas. Todas ellas resultan ser grandes científicas.

He aquí otra variante de la misma estrategia: formula una pregunta enmarcada en dos sentidos opuestos. Por ejemplo, al pensar en lo contento que estás con tu vida social, puedes preguntarte si eres feliz o si eres infeliz. Estas dos preguntas se refieren a lo mismo y deberían suscitar la misma respuesta, como «soy más o menos feliz», independientemente de cómo se formule la pregunta. Sin embargo, si te preguntan si eres *infeliz*, es más probable que recuerdes ejemplos de pensamientos, acontecimientos y comportamientos infelices. Si te preguntan si eres *feliz*, es más probable que recuerdes ejemplos de lo contrario. De hecho, los participantes de un estudio se calificaron a sí mismos como significativamente más infelices[14] cuando se les preguntó si eran infelices que cuando se les preguntó si eran felices.

Para evitar este tipo de sesgo de confirmación, deberíamos interrogarnos para generar pruebas de ambas posibilidades; y hay muchas aplicaciones posibles de este método. «¿Soy introvertido?», «¿Soy extrovertido?», «¿Se me dan mal las ciencias?», «¿Se me dan bien las ciencias?», «¿Son los perros mejores que los gatos?», «¿Son los gatos mejores que los perros?». ¿Importa el orden de las preguntas? Sí, ya que las respuestas a la primera pregunta podrían sesgar las respuestas a la segunda. Por ahora, lo importante es dar a ambas partes una oportunidad de respuesta justa.

Retos aún por resolver

Asegurarse de que entendemos tanto MED como DAX e invertir el marco de una pregunta parecen formas bastante sencillas de mitigar el sesgo de confirmación. Tal vez podríamos añadir estos métodos al plan de estudios de pensamiento crítico de la escuela secundaria, y *voilá*, el mundo sería un lugar más racional, ¿verdad? Desgraciadamente, hay razones por las que probar la posibilidad alternativa (o averiguar qué es MED) no siempre es factible.

A menudo, es demasiado arriesgado. Piensa en la ropa interior de la suerte que siempre te pones para los exámenes, o en cualquier otro tipo de ritual que realices para preparar reuniones o partidos importantes. Mike Bibby, durante su carrera en la NBA, se cortaba las uñas durante los tiempos muertos. Los Detroit Red Wings lanzan un pulpo al hielo antes de cada partido de *hockey*. Björn Borg se dejaba crecer la barba antes de cada partido de Wimbledon, y solo antes de Wimbledon. Para demostrar que estos rituales no son necesarios, habría que estar dispuesto a aceptar el riesgo de no hacerlos, renunciando así a su supuesta protección. Tendrías que presentarte a tu examen con ropa interior corriente, o jugar al *hockey* sin el pulpo.

Del mismo modo, la razón por la que la sangría persistió tanto tiempo es que, si a uno le han enseñado que la sangría realmente funciona, entonces sería inconcebible no seguir esta «técnica que es mejor». Yo misma juro por la equinácea como tratamiento para un resfriado, a pesar de las pruebas científicas contradictorias. No me arriesgaría a no tomarla la próxima vez que me sintiera indispuesta. Sé que es un sesgo de confirmación, pero no merece la pena superarlo si al hacerlo puedo sacrificar cinco días de mi vida por una enfermedad que creo que podría haber evitado. Del mismo modo, si una persona ha estado felizmente casada durante mucho tiempo, sería absurdo fugarse con otra persona solo para comprobar si realmente hay algo especial en su cónyuge.

Como ejemplo científico más moderno de una creencia que la gente se resistía a desmentir, consideremos el «efecto Mozart», provocado por un estudio publicado en la prestigiosa revista científica *Nature*, en 1993.

Los investigadores del efecto Mozart descubrieron que[15], tras escuchar la Sonata para dos pianos de Mozart (K. 448 para los aficionados a la música clásica), los estudiantes universitarios obtenían mejores resultados en un examen de razonamiento espacial que aquellos que no la habían escuchado. Los medios de comunicación llevaron este hallazgo al siguiente nivel, y lo interpretaron como una prueba científica de que los bebés que escuchan a Mozart desarrollan coeficientes intelectuales más altos. Los gobernadores de los estados con peor historial educativo empezaron a repartir gratuitamente discos de Mozart en las salas de maternidad. Más tarde, la empresa de productos infantiles *Baby Einstein* publicó la serie «Baby Mozart», en la que unos juguetes de colores bailan al son de la música de Mozart; luego, se produjeron otras secuelas en las que se incluyeron a otros genios, como *Baby Bach, Baby Shakespeare* y *Baby van Gogh*. Se calcula que en torno a 2003 un tercio de los hogares estadounidenses con bebés tenía al menos uno de esos vídeos de Baby Einstein. Pero resultó que el efecto Mozart original no era duradero y se limitaba únicamente al razonamiento espacial, no a todo el cociente intelectual; algunos investigadores ni siquiera pudieron replicar el hallazgo original. Un estudio examinó si uno de estos vídeos superventas[16] ayudaba a los niños de 12 a 18 meses a aprender mejor nuevas palabras. El estudio no encontró ninguna diferencia entre los niños que vieron el vídeo durante un mes y los que no lo vieron y no recibieron ningún entrenamiento especial. En cambio, el grupo que aprendió mejor las palabras fue el de los niños que aprendieron directamente de sus padres las palabras que aparecían en el vídeo, sin utilizar el vídeo. Aun así, para los padres que tuvieron un bebé antes de que salieran a la luz estas pruebas que lo desmienten, comprar Baby Einstein debió de parecerles una obviedad. Aunque no fueran padres exigentes, les habría parecido inconcebible privar a sus preciosos bebés de sus posibles efectos beneficiosos.

Además de nuestra reticencia a correr riesgos, el sesgo de confirmación es difícil de combatir porque es un hábito. Del mismo modo que siempre empezamos a cepillarnos los dientes por un lado sin pensar, o nos mordemos las uñas, agitamos las piernas, nos retorcemos el pelo o nos crujimos los nudillos cuando estamos nerviosos, confirmamos automáticamente y sin pensar nuestras hipótesis, tal y como hacemos en el problema 2-4-6. Los hábitos son difíciles de romper. Para algo como morderse las uñas, podríamos probar a llevar protectores en los dedos o a llevar las uñas cortas, pero ¿por dónde empezamos si queremos romper nuestro hábito de confirmación? Aprender las terribles consecuencias del sesgo de confirmación es el primer paso. Y como otro pequeño paso para romper el hábito, quizá puedas empezar a desconfirmar tus suposiciones sobre cosas cotidianas de bajo riesgo introduciendo algo de aleatoriedad en tu vida. Del mismo modo que generar una secuencia de números aleatorios como «1, 12, 13» puede desconfirmar inadvertidamente la hipótesis de uno en el problema 2-4-6, puede que descubras accidentalmente que lo que has estado disfrutando o creyendo puede no tener por qué ser tu respuesta final. Resulta que incluso hay una aplicación que puede ayudarte a hacer esto.

Max Hawkins, un informático que trabajaba en Google, se preguntaba cómo sería ser impredecible. Así que ideó una aplicación que elegía aleatoriamente un lugar de su ciudad a partir de un listado de Google y llamaba a un Uber para que le llevara hasta allí sin decirle cuál era el destino. El primer lugar al que le llevó la aplicación fue un centro de urgencias psiquiátricas, un lugar que nunca había imaginado visitar, pero esto le enganchó al ejercicio. Empezó a descubrir floristerías al azar, tiendas de comestibles y bares que no sabía que existían porque, pensando que su vida estaba bastante bien resuelta, nunca había explorado sus opciones. Luego amplió la aplicación para que eligiera al azar eventos públicos dentro de un rango geográfico y temporal que él especificara y que se anunciaran en Facebook, y asistió a cada uno de ellos. Acabó bebiendo *white russians* con rusos, asistiendo a una clase de AcroYoga y pasando cinco horas en una fiesta organizada por un psicólogo jubilado al que no conocía.

Aunque esto suena divertido cuando lo hace otra persona, es posible que aún dudemos en comprar su aplicación porque parece desalentador comprometerse con tanta serendipia. Así que aquí tienes algunos ejercicios a escala reducida que puedes hacer para practicar la desconfirmación. Cuando vayas a tu restaurante favorito o pidas comida para llevar, elige al azar un plato del menú; puede que te sorprendas al descubrir un nuevo plato favorito (u otro plato menos favorito, para el caso). En lugar de seguir la misma ruta de camino al trabajo, prueba una nueva. Cuando vayas de compras con un amigo, deja que te elija la ropa para no comprarte otro jersey gris o una camisa azul. Desayuna chuleta de cordero y ensalada con un vaso de leche, y cena cereales y tortilla con un vaso de vino. La vida está llena de posibilidades, sin duda más que el número de átomos del mundo observable e inobservable, y depende de ti descubrirlas.

3

EL RETO DE LA ATRIBUCIÓN CAUSAL:

Por qué no deberíamos estar tan seguros al reconocer el mérito o al culpar

En enero de 1919, mientras el mundo luchaba por recuperarse de la Primera Guerra Mundial y de la pandemia de gripe de 1918, los líderes de las potencias vencedoras se reunieron en la Conferencia de Paz de París para fijar las condiciones de los países derrotados. Las negociaciones pronto llegaron a un punto muerto, ya que Woodrow Wilson, presidente de Estados Unidos en aquel momento, no quería castigar a Alemania con demasiada dureza, mientras que Francia y Gran Bretaña exigían compensaciones mucho más estrictas. El 3 de abril, Wilson contrajo la gripe, y padeció síntomas neurológicos incluso después de recuperarse. Aunque pudo reincorporarse a la conferencia de paz, no tenía fuerzas para seguir adelante con su agenda. Como resultado, el Tratado de Versalles incluyó medidas compensatorias que endeudaron enormemente a Alemania. Muchos historiadores afirman que el daño que el tratado causó a la economía alemana allanó el camino para el ascenso de Adolf Hitler y los nazis. En consecuencia, algunos se han preguntado si podríamos concluir que si Wilson no hubiera contraído la gripe, no habría habido Holocausto[17].

Atribuir un crimen contra la humanidad tan atroz y sistémico como el Holocausto a la gripe de Wilson resulta inquietante.

Incluso si la secuencia de acontecimientos es cierta, la explicación causal no parece correcta. ¿A qué se debe? Una posibilidad es que no sea una buena explicación. Incluso si Wilson se hubiera mantenido perfectamente sano hasta 1919, no hay garantía de que el tratado de paz hubiera sido menos punitivo, de que la economía alemana no hubiera tenido problemas por otras razones o de que Hitler no hubiera acabado subiendo al poder.

No obstante, por el bien de la argumentación, supongamos que alguien inventara una máquina del tiempo y lograra impedir que el virus de la gripe infectara a Wilson, que el tratado fuera menos punitivo de lo que fue, y que esto bastara para impedir que los nazis llegaran al poder. Incluso si fuera posible llevar a cabo un experimento de este tipo, aún dudaríamos antes de decir que la gripe de Wilson fue la única causa del Holocausto, porque el Holocausto tuvo muchas otras causas posibles. Para empezar, si los padres de Hitler no se hubieran conocido, Hitler no habría nacido. Si no hubiera antisemitismo, tampoco se habría producido el Holocausto. ¿Y si Alemania hubiera descubierto en 1919 que estaba sentada sobre un gigantesco yacimiento de petróleo? ¿Y si Alemania hubiera ganado la Primera Guerra Mundial? ¿O si el archiduque Francisco Fernando no hubiera sido asesinado en Sarajevo y esa guerra nunca se hubiera librado? Aunque todas estas e infinitas otras posibilidades también podrían haber evitado el Holocausto, no se lo achacamos a la falta de dinero de Alemania para el petróleo, al asesinato del archiduque o a la victoria de los Aliados.

Indicios que usamos para inferir causalidad

El número de causas que podrían explicar *cualquier* acontecimiento, y no solo los históricos, es infinito. Sin embargo, podemos reducirlas a un número menor de causas razonables, y hay consenso sobre la mejor manera de hacerlo porque utilizamos indicios o estrategias comunes en el razonamiento causal. Esto no quiere decir que siempre estemos de acuerdo con respecto al origen de la culpa o del mérito. Algunos historiadores pueden argumentar que la gripe del presidente Wilson causó el Holocausto. Sin embargo, no elegimos arbitrariamente cualquier causa. Pocos dirían que el aleteo de una mariposa en Samoa en 1897 fue la causa de la Segunda Guerra Mundial, pero todos estaríamos de acuerdo en que Hitler fue una de ellas. Podemos ponernos de acuerdo sobre qué causas son mejores y más plausibles porque nos basamos en indicios similares a la hora de inferir las causas de los acontecimientos.

En este capítulo describiré algunos de los indicios de causalidad que utilizamos habitualmente. He aquí algunos ejemplos de lo que trataré a continuación. Obsérvese que algunos nos llevan a culpar a la gripe de Wilson del Holocausto, mientras que otros nos llevan a exonerarla. Nuestras conclusiones causales dependen de en qué indicios confiemos más.

Similitud: Tendemos a tratar las causas y los efectos como similares entre sí. Quizá seamos reacios a atribuir el Holocausto a la gripe de Wilson debido a su desproporción. Aunque Wilson era un hombre importante y la gripe era una enfermedad grave, su enfermedad era muy diferente en escala y gravedad al asesinato sistémico de seis millones de personas.

Suficiencia y necesidad: A menudo pensamos que las causas son suficientes y también necesarias para que se produzca un efecto. En la medida en que se piensa que la gripe de Wilson fue suficiente o necesaria para que el Tratado de Versalles tuviera el resultado que tuvo, y que el tratado fue suficiente o necesario para el ascenso de Hitler, podemos pensar que la gripe de Wilson fue la causa del Holocausto.

Recencia: Cuando hay una secuencia de acontecimientos causales, tendemos a asignar más culpa o crédito a un acontecimiento más reciente. La gripe de Wilson estaba temporalmente muy alejada del Holocausto en comparación con acontecimientos más inmediatos, como el ascenso de Hitler, y por ello recibe menos culpa.

Controlabilidad: Tendemos a culpar más a las cosas que podemos controlar que a las que no. La gripe de Wilson no era algo que se pudiera haber evitado de forma fiable, ya que entonces no existían vacunas contra la gripe, pero se podría argumentar que se podía haber detenido a Hitler antes de que asumiera el poder. Así, pues, atribuimos más culpa a este último acontecimiento.

Mientras repasamos estos indicios, es importante recordar que son meros heurísticos o reglas empíricas. En otras palabras, aunque pueden ayudarnos a elegir causas razonables, no pueden garantizar que encontremos la *verdadera* causa, pero tienden a darnos respuestas razonablemente buenas, por lo que confiamos mucho en ellas sin darnos cuenta de que también pueden llevarnos a equívocos. Por eso, a continuación, hablaré de cómo un exceso de confianza en cualquiera de ellas puede llevarnos a sacar conclusiones erróneas.

Similitud

Imagina una bola amarilla y una roja en una mesa de billar. Si la bola amarilla se mueve rápidamente hacia la roja, la roja se moverá rápido cuando la amarilla la golpee. Si la bola amarilla se mueve despacio, la roja también se moverá despacio. Es decir, la velocidad de la causa (la bola amarilla) coincide con la velocidad del efecto (el movimiento de la bola roja). Del mismo modo, los sonidos fuertes, como los de una explosión, son señal de grandes impactos, mientras que el silencio suele ser señal de paz. Los alimentos que huelen mal, como la carne caducada hace semanas, tienden a ser malos para el organismo; los alimentos que huelen bien, como las fresas recién cogidas, tienden a ser buenos para el organismo. En nuestra vida cotidiana, las causas suelen coincidir con los efectos en cuanto a su magnitud o características.

Como las causas y los efectos tienden a parecerse en la realidad, captamos ese patrón y asumimos la similitud al hacer atribuciones causales. Es decir, nos sorprende que una causa sea distinta de un efecto. Por ejemplo, esperamos que los pájaros grandes hagan sonidos fuertes, así que si oyéramos un graznido fuerte y descubriéramos que procede de un pájaro diminuto, nos sorprenderíamos y empezaríamos a grabarlo para compartirlo con todos nuestros amigos.

Otro ejemplo: poca gente creería que el cambio climático (que afecta a la biología, la geología, la economía y, esencialmente, a todo lo que ocurre en la Tierra) pudiera ser el resultado de un único vertido de petróleo en el océano; en cambio, la mayoría de la gente entiende correctamente que está causado por una miríada de actividades humanas, así como por desastres naturales, que interactúan con la atmósfera de la Tierra a lo largo del tiempo. Por el contrario, si el efecto es simple, como un vaso roto en el suelo, suponemos que lo ha hecho una sola persona, en lugar de imaginar que toda una familia conspiró para romper un vaso.

Retomando el ejemplo que utilicé para abrir este capítulo, el heurístico de la similitud es una de las razones por las que nos puede parecer inquietante relacionar la gripe de Wilson con el Holocausto. Culpar del Holocausto a un único caso de gripe parece trivializarlo. Incluso para aquellos que no son admiradores del presidente Wilson, culpar a su gripe de la muerte de casi seis millones de judíos (además de los cientos de miles de homosexuales, gitanos y discapacitados que también fueron asesinados sistemáticamente) parece descabellado; en su lugar, uno busca una causa más palpablemente maligna a nivel estatal. Esta incomodidad ilustra e impulsa el heurístico de la similitud.

No obstante, basarse en la similitud para hacer inferencias causales puede llevarnos a error, porque las causas y los efectos no siempre son similares entre sí. Mientras que algunos alimentos que huelen bien, como una fresa madura, son buenos para nosotros, un pastel recién horneado hecho con dos barras de mantequilla y seis huevos no lo es. Y algunos alimentos que huelen mal, como el *durian*, el *kimchi*, el *nattō* y el queso azul, son en realidad bastante saludables. Aunque el silencio suele indicar que no hay problemas, el silencio prolongado de un niño pequeño puede ser sinónimo de problemas: un niño que está absorto puede estar desde probando hasta dónde llega un rollo de papel higiénico desenrollado, hasta explorando el cajón de maquillaje de mamá.

La medicina popular ofrece muchos ejemplos de lo inútil que puede resultar confiar excesivamente en la similitud. Antiguamente, se creía que los pulmones de zorro curaban el asma, una enfermedad pulmonar; también se creía erróneamente que las ostras de las Montañas Rocosas, que son testículos de toro fritos, mantenían sanos los testículos de los hombres y favorecían la producción de hormonas masculinas.

A la inversa, como nos basamos en el heurístico de similitud, podemos ser reacios a respaldar incluso una determinada causa cuando parece demasiado disímil del efecto. Por ejemplo, cuando se introdujo por primera vez la teoría de los gérmenes para explicar las enfermedades, mucha gente era reacia a creerla, porque no podían ver cómo cosas tan pequeñas como los gérmenes podían ser tan poderosas como para dañar o matar a los humanos. Esa reticencia persiste hoy en día. Durante la pandemia de 2020, algunas personas se sintieron invencibles, se negaron a llevar mascarillas y celebraron grandes fiestas desafiando toda indicación médica razonable. Si el virus Covid-19 hubiera sido más parecido a los Caminantes Blancos de *Juego de tronos* o a los zombis de *The Walking Dead*, la gestión de la salud pública habría sido mucho más fácil.

El objetivo de estos ejemplos es recordarte las limitaciones del heurístico de similitud. A veces, pequeñas causas producen grandes efectos. Por ejemplo, podemos creer que engañar un poco solo puede hacer un poco de daño, pero el engaño puede tener un efecto dominó, y afectar a otras personas de forma impredecible. Y a la inversa, podemos infravalorar pequeños actos de amabilidad, como sonreír a alguien o preguntarle si está bien, pero debemos recordar que gestos aparentemente insignificantes como esos pueden alegrarle el día a alguien o, quién sabe, incluso cambiarle la vida.

Suficiencia

Aunque la similitud influye en nuestros juicios causales, no es uno de los indicios que utilizamos más a menudo para averiguar la causa de un determinado resultado. La suficiencia es un indicio mucho más poderoso.

Supongamos que Jill vierte un cubo de agua helada sobre Jack, y que este grita. El profesor de filosofía Phil sale de su despacho y pregunta por qué ha gritado Jack. Jill confiesa que es porque le echó agua helada. Al profesor Phil no le convence la respuesta y pregunta «¿Cómo sabes que ese ha sido el motivo por el que Jack ha gritado?». (No, no es la típica pregunta que uno haría en respuesta a una situación como esta, pero el profesor Phil está especializado en epistemología, que es el estudio de cómo la gente sabe las cosas). Jill responde: «Porque siempre que alguien le echa agua helada a otra persona, esta última grita». Este es un ejemplo de condición suficiente: *Siempre que ocurre X, ocurre Y; cuando X es condición suficiente de Y, inferimos que X es causa de Y.* Hasta aquí todo bien.

El problema es que cuando nos decantamos por una causa porque parece suficiente para dar lugar al resultado, en muchos casos estamos descartando otras causas igualmente posibles. Volviendo a Jack y Jill, una vez que nos enteramos de que Jill le echó agua helada encima, no consideraríamos otras posibles causas de su grito, como que hubiera una serpiente deslizándose hacia él, o que Jack se acabara de dar cuenta de que llegaba tarde a su reunión con el profesor Phil, etcétera. Es decir, pensamos que la causa que tenemos en mente es suficiente para dar lugar al efecto, por lo que ignoramos otras causas que también podrían ser las responsables del efecto.

Descartar otras posibles causas funciona la mayoría de las veces en el mundo real. Sin embargo, también es importante ser conscientes de cuándo lo hacemos, porque puede llevarnos a desacreditar injustamente a las personas. He aquí un ejemplo concreto: supongamos que Gweyneth se presenta a una audición para un programa de televisión y consigue el papel. Michelle descubre que el padre de Gweyneth tiene una relación con el productor del programa. Michelle ahora cree que Gweyneth ha conseguido el papel por el contacto de su padre y descarta la posibilidad de que Gweyneth sea una buena actriz, pero es perfectamente posible que Gweyneth tenga ese vínculo y también sea una gran actriz. Hacemos este tipo de descartes todo el tiempo. Es como si creyéramos que dos causas se excluyen mutuamente, de modo que cuando una está presente, la otra es muy improbable o no puede haber influido en el resultado.

Tendemos a pensar que si alguien se esfuerza mucho para tener éxito, esa persona no tiene talento. Cuando estaba en el instituto y en la universidad, tenía compañeros insoportables que fingían que apenas estudiaban para los exámenes, con la esperanza de parecer más listos. Supuestamente, la viuda de Mozart quemó el 90 % de los primeros bocetos de su música para crear el mito de que era tan genio que lo componía todo de cabeza. Ciertamente, nadie puede negar el don de Mozart, tanto si sus composiciones salían de su cabeza en su estado final como si no, pero si la historia es cierta, su viuda fue una astuta publicista. Como dijo una vez Miguel Ángel sobre su obra del techo de la Capilla Sixtina: «Si supieras cuánto trabajo hay detrás, no lo calificarías de genialidad».

Otro ejemplo bien conocido de subestimación es la relación entre la motivación intrínseca y la recompensa extrínseca. Una persona que disfruta limpiando su casa puede empezar a creer que no limpia por placer una vez que su padre empieza a pagarle por la tarea. De hecho, un estudio demostró que cuando las personas recibían una gratificación monetaria a corto plazo [18], su rendimiento mejoraba, y cuando se les retiraba la gratificación, su productividad caía a un nivel inferior al que tenían antes. Es probable que esto ocurriera porque, al recibir la bonificación, atribuían su productividad a ella, descontando la motivación intrínseca que tenían antes. Así, cuando se les retiró la prima, su motivación intrínseca era menor que antes.

De nuevo, este tipo de subestimación no es necesariamente falaz porque así parecen ser las cosas en muchas situaciones de la vida real. Si alguien no está intrínsecamente interesado en realizar una tarea, habrá que pagarle para que la realice, por lo que existe una relación negativa entre la motivación intrínseca y las recompensas extrínsecas. La mayoría de las veces no nos pagan por hacer cosas que nos gustan. A mí me encanta pasear a mi perro al amanecer para ver la salida del sol, pero nadie me paga por hacerlo. También es cierto que muchas personas con aptitudes no tienen que trabajar tanto como otras con menos aptitudes para conseguir los mismos resultados. No obstante, centrarse en una causa conocida y descartar automáticamente otras causas igualmente válidas puede llevar a una cantidad ingente de conclusiones erróneas.

He aquí un ejemplo real de cómo esa subestimación puede perjudicar a los demás. En 2005, el economista, exsecretario del Tesoro de EE. UU. y entonces presidente de Harvard, Larry Summers, armó un gran revuelo con sus comentarios sobre el papel del género en la ciencia, cuestión que se convirtió en uno de los factores que le llevaron a dimitir de su cargo en la universidad. Afirmó que la brecha de género en las ciencias para las personas que ocupan altos cargos (como los profesores titulares) podría deberse a «cuestiones de aptitud intrínseca, y en particular de la variabilidad de la aptitud». Es decir, incluso si los niveles medios son los mismos entre hombres y mujeres, argumentó que hay más hombres que mujeres que tienen las aptitudes innatas verdaderamente excepcionales que se requieren para ocupar puestos tan altos en el ámbito de las ciencias.

La controversia y el debate subsiguientes en la comunidad académica se centraron en si realmente existen diferencias de género innatas en la aptitud científica. Aquí, sin embargo, quiero analizar cómo la afirmación de que existen diferencias en la aptitud intrínseca se utiliza para descartar factores sociales (como las expectativas de la sociedad para las niñas y las mujeres) como los causantes de la brecha de género. Según el periódico *The Boston Globe*, «Summers dijo en una entrevista [...] "La investigación en genética del comportamiento está demostrando que cosas que la gente antes atribuía a la socialización no se debían a la socialización después de todo"». Incluso si hay verdaderas diferencias genéticas (no estoy de acuerdo en que las haya, pero lo estoy suponiendo aquí, solo por el bien de la argumentación), esos hallazgos no descartan automáticamente los sesgos de género en la socialización como causa de la brecha de género. Ese descuento injustificado tiene consecuencias nefastas en la vida real[19], como por ejemplo ampliar aún más la brecha de género, como demuestra un estudio inspirado en los comentarios de Summers.

Todos los participantes en el estudio eran mujeres. En primer lugar, se les dio a leer un pasaje disfrazado de prueba de comprensión lectora y, a continuación, realizaron una prueba de matemáticas. La manipulación fundamental del experimento fue el contenido del pasaje. Un grupo de participantes leyó sobre un estudio que demostraba que «los hombres y las mujeres rinden igual de bien en los exámenes de matemáticas». Mientras que un segundo grupo de participantes leyó un pasaje que decía que «los hombres obtienen cinco puntos porcentuales más en los exámenes de matemáticas que las mujeres debido a algunos genes que se encuentran en el cromosoma Y». La lectura de ese pasaje justo antes de realizar el examen bastó para que las puntuaciones de las participantes femeninas bajaran alrededor de un 25 %. Esa es aproximadamente la diferencia que hay entre una calificación de sobresaliente o de aprobado en mis clases.

Críticamente, hubo un tercer grupo de participantes a los que también se les dijo que los varones obtienen mejores resultados en los exámenes de matemáticas que las mujeres, pero el pasaje decía que eso se debía a que «los profesores sesgaron sus expectativas durante los primeros años de formación escolar». Esa explicación fue lo suficientemente contundente como para que las puntuaciones de los participantes subieran al mismo nivel que las de los que leyeron que no había diferencia de género en las puntuaciones de matemáticas. Lo que esto sugiere con rotundidad es que los participantes del segundo grupo, que se enteraron de las diferencias genéticas entre los sexos, descartaron automáticamente la idea de que también pudiera haber diferencias ambientales. Este notable estudio demuestra claramente que una subestimación inadecuada puede mermar el rendimiento.

Subestimar una segunda causa potencial para un fenómeno cuando se conoce una causa ocurre de manera automática, a veces puede reflejar la realidad; pero, como hemos visto, también puede ser claramente erróneo y perjudicial. Si somos conscientes de ello, nos acordaremos de tener más cuidado antes de descartar otras causas e incluso intentaremos evitarlo reconociendo explícitamente el funcionamiento de otras posibles causas.

Necesidad

Habiendo considerado lo bastante la suficiencia en el razonamiento causal, veamos la otra cara de la moneda: la necesidad. Una condición que es necesaria para un resultado es una gran candidata a ser la causa de ese resultado. De hecho, es un criterio utilizado en los sistemas jurídicos, conocido como la regla del «de no haber sido por».

Supongamos que Humpty Dumpty se sentó en una pared que se desmoronaba, tuvo una gran caída y se rompió el cráneo. Supongamos además que el rey, propietario del muro, ha estado ocupado jugando al golf y no se ha asegurado de que su personal se encargue del mantenimiento del muro. Si el abogado de Humpty Dumpty puede demostrar que, si no fuera por (o «de no haber sido por») la negligencia del rey, a Humpty Dumpty no le habría pasado nada, entonces el rey es responsable de la lesión de Humpty Dumpty.

La regla del «cráneo de cáscara de huevo», que tiene su origen en un caso de un demandante de cráneo delgado que murió a causa de un accidente menor, pone aún más de relieve la importancia de la necesidad como criterio para determinar la responsabilidad. Algunos juristas utilizan realmente a Humpty Dumpty para ilustrarlo, así que sigamos con ese ejemplo. Los abogados defensores del rey podrían argumentar que la lesión de Humpty Dumpty se produjo simplemente porque su cráneo era muy frágil; al fin y al cabo, es un huevo, o al menos así lo dibujaron, y los huevos son muy quebradizos. Sin embargo, según la regla del cráneo de cáscara de huevo, el rey sigue siendo responsable, porque aunque el demandante tuviera la condición médica preexistente de un cráneo frágil, la lesión no se habría producido si la pared se hubiera mantenido adecuadamente.

Hacemos razonamientos contrafactuales similares fuera de los tribunales, cuando intentamos averiguar qué causó un resultado. ¿Habría ocurrido B si no hubiera ocurrido A? ¿Me habría perdido el accidente si no hubiera ido a esa tienda? ¿Habrían seguido casados si él no hubiera aceptado ese trabajo? Si el resultado hubiera sido distinto en nuestro mundo contrafactual, tratamos ese factor como una causa. No hay nada irracional en utilizar el razonamiento contrafactual para hacer juicios causales; al fin y al cabo, es lo que se utiliza en el sistema jurídico.

Sin embargo, no todas las condiciones necesarias son causales. Por ejemplo, el oxígeno es necesario para el fuego, pero nadie culpa a la presencia de oxígeno en California de sus recurrentes incendios forestales. Una persona tiene que nacer para morir; si Marilyn Monroe no hubiera nacido, no habría muerto, pero el hecho de que Marilyn Monroe naciera nunca ha figurado como posible causa de su misteriosa muerte. Antes de que podamos determinar cuál de una plétora de condiciones necesarias es una causa, necesitamos complementar el heurístico de la necesidad con otros indicios como los que explicaré a continuación. De hecho, todos los indicios de los que hablo se complementan entre sí.

Anormalidad

Solemos elegir acontecimientos poco habituales como causas. Estar expuesto al oxígeno y nacer no son circunstancias inusuales; hay oxígeno en el aire que nos rodea, y todos empezamos nuestra vida naciendo. Sin embargo, que el rey descuidara la pared en la que se sentaba Humpty Dumpty es un hecho anormal, porque lo normal era que el rey cuidara de sus propiedades, y por eso su descuido se considera una causa. Del mismo modo, un intenso dolor de espalda y el sonido de la sirena de una ambulancia son suficientes para elevar el nivel de estrés de cualquiera, pero si llevas años viviendo con dolor de espalda y escuchar una sirena fuera algo raro para ti, seguramente culparías del estrés al sonido de la sirena. Por el contrario, si vivieras al lado de un hospital, pero rara vez te doliera la espalda, culparías al dolor de espalda como la razón de tu estrés.

Esto ayuda a explicar por qué las atribuciones causales de las personas ante un mismo suceso divergen tan a menudo; decidir qué cuenta como normal o anormal puede variar según la perspectiva de cada uno. Por ejemplo, digamos que Lin estuviera nerviosa durante una entrevista. Normalmente, Lin se muestra tranquila y segura de sí misma, así que, desde su punto de vista, la causa de su nerviosismo fue el malhumor del entrevistador. Sin embargo, el entrevistador ve a muchos otros candidatos, por lo que la situación de la entrevista es algo normal para él. Lin parecía estar más nerviosa que los demás candidatos, así que él lo achaca a su personalidad.

O pensemos en la violencia armada. En Estados Unidos se pueden comprar legalmente pistolas, escopetas, rifles e incluso armas semiautomáticas en algunos estados. Cada vez que se producen tiroteos masivos, algunas personas culpan a los tiradores, ya que argumentan que la mayoría de los propietarios de armas no salen a disparar a la gente, por lo que estos tiradores deben tener algún problema, ya sea de salud mental, con su capacidad para controlar la ira, con su ideología, etcétera. No obstante, desde una perspectiva global, es claramente Estados Unidos el país que es anormal. Según la Encuesta sobre Armas Pequeñas, el número de armas de fuego civiles por cada cien personas en Estados Unidos fue de 120,5 en 2018, el más alto del mundo. Estados Unidos tiene más del doble de armas por cada cien personas que el país que ocupa el segundo lugar,

Yemen, y cuatro veces más que Canadá. Basándonos solo en esas estadísticas, está claro que hay algo fuera de lo normal en Estados Unidos en lo que respecta a las armas. Así pues, desde una perspectiva global, la prevalencia de las armas en Estados Unidos es más responsable de los tiroteos que el carácter individual de los tiradores.

Dos personas que estén analizando exactamente el mismo suceso pueden llegar a conclusiones causales diferentes en función de las perspectivas que aporten al mismo. Cuando nos preguntamos cómo alguien puede llegar a una explicación causal que suena tan extraña y disparatada, tal vez merezca la pena intentar ver el mundo a través de sus ojos. Puede que sigan equivocados, pero al menos entenderemos cómo han llegado a esa conclusión errónea. Y quién sabe, puede que incluso queramos reconsiderar nuestro propio punto de vista.

Acción

Otro heurístico que utilizamos a la hora de elegir una causa entre posibles candidatos causales es culpar más a las acciones que a las inacciones [20]. He aquí la adaptación de un ejemplo clásico que lo ilustra. Supongamos que Ayesha posee acciones de la empresa A. Piensa en venderlas y comprar acciones de la empresa B, y lo hace. Cuando las acciones de la empresa B caen en picado, Ayesha pierde 10.000 dólares. Binita, por su parte, tiene acciones de la empresa B (la misma a la que se cambió Ayesha). Había pensado en cambiarse a la empresa A, pero decidió quedarse en la empresa B. Binita también pierde 10.000 dólares, pero no es difícil imaginar que Ayesha, que había cambiado activamente sus acciones de la empresa A por acciones de la empresa B, se sentiría mucho peor que Binita, que no hizo nada.

Existen numerosos ejemplos en los que se culpa más a una acción que a una inacción, aunque los resultados sean idénticos. Si supiéramos que un gobierno extranjero mata a veinticinco mil personas inocentes cada día sin motivo, nos indignaríamos, nos uniríamos a una protesta, escribiríamos cartas a nuestros representantes y buscaríamos formas de detener la matanza, pero si leemos un informe de la ONU en el que se afirma que veinticinco mil personas mueren cada día de hambre y otras causas relacionadas (lo cual es cierto), nos entristecemos, suspiramos y sacudimos la cabeza, pero puede que ahí acabe todo: nada de protestas ni de escribir cartas a los políticos. Cuando alguien mata deliberadamente a alguien, es asesinato, y el castigo puede ser la cadena perpetua o la muerte. Pero si alguien ve morir a una persona a la que podría haber salvado, se le considera culpable de homicidio por negligencia, que conlleva una pena mucho más leve: de seis meses a diez años de cárcel en la mayoría de los estados de Estados Unidos.

Puede que culpemos más a las acciones que a las inacciones porque, cuando pensamos en posibilidades alternativas, es más fácil pensar en una acción concreta que desearíamos no haber hecho que imaginar todas las cosas que podríamos haber hecho en los casos en los que no hicimos nada. Si no hubiera sido por ese gobierno o ese asesino malvado, esas personas no habrían muerto, pero la inacción es más difícil de deshacer. En muchos casos, aunque intentáramos hacer algo, no está claro si podríamos haber evitado el resultado.

Además, la inacción es invisible por definición, por lo que es fácil que no nos demos cuenta de cómo podría haber causado determinados acontecimientos. No luchar contra el racismo o el cambio climático, no denunciar los problemas de equidad de los que somos testigos, ser cómplices en el mantenimiento del *statu quo*, incluso cuando en el fondo sabemos que hay una alternativa más justa… todos estos son ejemplos de inacciones perjudiciales que pueden no resultarnos evidentes.

Pero ignorar el coste de nuestras inacciones puede causar problemas irreversibles. El hecho de que el cambio climático pueda ser imparable si no tomamos las medidas adecuadas ahora es solo un ejemplo. Otro es la consecuencia de no votar. Las personas que no votan pueden pensar que es inofensivo, pero al hacerlo están quitando votos a un candidato que podría haber cambiado la vida de muchas personas si hubiera ganado. La inacción no siempre es mejor que una mala acción; a veces, es igual de mala.

Recencia

Cuando se produce una secuencia de acontecimientos, tendemos a atribuir el resultado final al más reciente. Ya sea en baloncesto, béisbol o fútbol, los compañeros de equipo y los aficionados celebran al jugador que anotó el punto decisivo en un partido reñido, como el tiro de Michael Jordan contra los Utah Jazz que le dio su sexto campeonato con los Chicago Bulls. Los perdedores, que no pudieron evitar la jugada que cambió el destino, se torturan repitiéndola una y otra vez en sus cabezas. Sin embargo, la victoria y la derrota no se determinan únicamente con el último punto, sino con todos los puntos acumulados a lo largo de todo el partido. Aun así, es el último tiro y el jugador que lo marcó o lo falló el que se lleva toda la gloria o la culpa.

Se podría argumentar que hay más presión para anotar una jugada ganadora o defender una ventaja en los momentos finales de un partido, por lo que el énfasis en ello está justificado. Eso puede ser cierto algunas veces, pero el siguiente experimento demuestra que, para la mayoría de la gente, el orden temporal es importante[21], incluso cuando claramente no debería serlo.

Supongamos que dos personas, Firth y Secondo, lanzan una moneda cada una. Si ambas salen cara o cruz, cada uno gana 1000 dólares. Si las monedas salen diferentes, ninguno de los dos gana. Firth decide ir primero y sale cara. Secondo es el siguiente y, oh cielos, sale cruz. Han perdido los 1000 dólares.

¿Quién tiene la culpa? Casi todo el mundo (92%) dice que Secondo. ¿Quién debería sentir más culpa, Firth o Secondo? De nuevo, una gran mayoría dice Secondo. Si yo fuera Secondo, me mortificaría. Pero si yo fuera Firth, estaría hecho una furia y le exigiría 500 dólares a Secondo; me parece una compensación adecuada por todos los problemas que ha causado, pero culpar de la derrota a Secondo es absurdo. También se podría culpar a Firth por no haber sacado cruz. O, mejor aún, no se debería culpar a ninguno de los dos; los lanzamientos de monedas son aleatorios (nadie tiene el poder de hacer que las monedas salgan de una determinada manera) e independientes (la moneda no recuerda cómo cayó en el intento anterior). Sin embargo, tendemos a culpar al suceso más reciente, incluso en casos como este, en el que el orden temporal no debería importar en absoluto.

¿Por qué? Porque cuando hay una cadena de sucesos, digamos que A causa B, que B causa C y que C causa D, el resultado final D no está causado solo por A, sino por toda la secuencia de A, B y C. Por lo tanto, puede que no queramos dar todo el crédito a la causa A por el resultado D, porque si no hubiera habido B o C, D no habría ocurrido, incluso si A lo hubiera hecho. Sin embargo, si C ocurriera, D ocurriría incluso si no hubiera habido A o B. Es decir, C parece merecer más crédito causal que A o B.

El problema con el lanzamiento de la moneda es que tendemos a aplicar el mismo heurístico a casos en los que la secuencia es de acontecimientos que no están relacionados causalmente. El hecho de que Firth sacara cara no provocó que Secondo sacara cruz. Sus lanzamientos contribuyeron por igual y de forma independiente al resultado. El último *touchdown* que desequilibra un reñido partido de fútbol se denomina el «*touchdown* ganador», pero el anterior fue igualmente crucial para la victoria. Cuando damos demasiado crédito al acontecimiento más reciente, incluso en situaciones en las que el orden de los acontecimientos no debería importar, no solo estamos ignorando los demás factores responsables del resultado, sino que les estamos privando de su parte justa de crédito o culpa.

Controlabilidad

Antes de repasar el último indicio de razonamiento causal que voy a explicar en este capítulo, demos un paso atrás y analicemos por qué hacemos «preguntas de por qué», ya que las respuestas nos ayudarán a comprender la base del uso del indicio del que voy a hablar. ¿Por qué realizamos constantemente razonamientos causales? Por ejemplo, cuando tu cita llega tarde a cenar, ¿por qué debería importar si fue porque su coche se averió o porque casi se olvida de vuestros planes?

Una de las funciones más importantes del razonamiento causal es controlar los acontecimientos futuros. Queremos evitar contratiempos y repetir buenos resultados identificando las razones por las que ocurrió cada cosa. Si el coche de tu cita se avería, es más probable que quieras continuar la relación que si te enteras de que él no tenía tantas ganas de quedar como tú. La causa de su retraso te ayuda a decidir si quieres dejarlo o no.

Esto nos lleva a un indicio importante y útil que utilizamos: el hecho de que los factores sean controlables. Como hacemos atribuciones causales para guiar nuestras acciones futuras, no solemos culpar a cosas que no podemos controlar. Por ejemplo, cuando me quemo los dedos levantando la tapa de una olla caliente, puedo culparme por no utilizar un guante de cocina y la próxima vez que utilice esa olla, llevaré un guante de cocina. En este caso no culpo de que me queme los dedos al hecho de que tengo dedos o de que el calor se transfiere, porque no puedo hacer nada contra la anatomía o la física y, aunque podría culpar al fabricante de la olla por vender una olla con asas que se calientan muchísimo, es más probable que me culpe a mí misma por comprar esa olla, ya que puedo comprar una nueva que tenga asas resistentes al calor y no puedo hacer nada contra las decisiones del fabricante.

Nuestra propensión para asignar culpas[22] cuando creemos que hubo elementos controlables puede dar lugar a reacciones emocionales radicalmente distintas ante el mismo resultado. Supongamos que Steven vuelve a casa del trabajo y se queda atrapado en un atasco provocado por un accidente. Cuando por fin llega, descubre que su mujer ha sufrido un infarto y es demasiado tarde para salvarla. Obviamente, Steven se sentiría fatal por lo ocurrido, pero llegó tarde a casa por culpa de un atasco, algo que estaba fuera de su control. Siente pena, pero no culpa.

Consideremos ahora una versión ligeramente diferente de este escenario. Igual que en la primera, Steven llega a casa demasiado tarde para salvar a su mujer, pero en este caso fue porque paró en una tienda a comprar cerveza. Es probable que Steven se culpe por la muerte de su mujer durante el resto de su vida, pensando una y otra vez: «¿Y si…?».

Sin embargo, culpar a acciones controlables también puede llevar a conclusiones totalmente trágicas. Pensemos en las víctimas de delitos, muchas de las cuales se culpan a sí mismas. Una víctima de los atroces crímenes cometidos por Jeffrey Epstein fue entrevistada en el programa *Today* de la NBC. Empezó a darle «masajes» a los 14 años y luego él la violó. El entrevistador le preguntó: «En tu mente, ¿usaste la palabra violación? ¿La reconoció entonces?». La mujer respondió: «No, no creo que lo hiciera. Solo pensé, ya sabe, que era culpa mía».

Por supuesto, existen numerosas explicaciones sociológicas y culturales de por qué las víctimas se culpan a sí mismas. En cuanto a las atribuciones causales, ocurre porque es más fácil imaginar deshacer sus propios comportamientos que los de los agresores. Los supervivientes podrían pensar: «Si no me hubiera tomado esas copas de más» o «¿Y si no hubiera sonreído justo en ese momento?». En sus mentes, todos esos son comportamientos que podrían haber controlado. Los comportamientos del agresor son mucho más difíciles de cambiar. En consecuencia, las víctimas se culpan a sí mismas, a pesar de que los agresores son obviamente los culpables.

El pensar demasiado y la reflexión

El razonamiento causal puede ser muy simple, como en el caso de determinar qué hizo gritar a Jack cuando Jill le echó agua fría. Pero el razonamiento causal también puede ser más complejo, como en el caso de explicar por qué no hay suficientes mujeres científicas. En algunos casos realmente complicados, puede parecer que no somos capaces de averiguar las causas de un resultado concreto, por muchos indicios que utilicemos. Así que, a modo de reflexión final, analicemos los casos en los que las preguntas causales son casi incontestables.

Probablemente, una de las preguntas «por qué» más difíciles de responder sea «¿Por qué a mí?». Cuando a alguien le ocurre una serie de cosas malas, esta pregunta surge de forma natural en su mente. Esto lleva a la reflexión, a pensar continuamente en lo mismo y a más preguntas de por qué. *¿Por qué me pasa esto a mí? ¿Por qué no puedo encajar? ¿Por qué me molesta esto? ¿Por qué no puedo seguir adelante?* Cuando seguimos intentando encontrar respuestas a preguntas que probablemente no tienen respuesta, podemos empezar a sentirnos cada vez peor.

Susan Nolen-Hoeksema, una de mis compañeras de la Universidad de Yale que falleció a los 53 años, demostró con su investigación pionera en el campo de la psicología clínica que la reflexión puede causar depresión[23]. En su estudio, se seleccionó a estudiantes universitarios en función de su nivel de depresión. Un grupo de participantes era moderadamente disfórico, lo que significa que no habían sido necesariamente diagnosticados de depresión mayor, pero mostraban algunos síntomas depresivos. El otro grupo de participantes era no disfórico.

Durante el estudio, se pidió a todos los participantes que reflexionaran sobre sus pensamientos y emociones, como «tu nivel actual de energía», «qué podrían significar tus sentimientos» y «por qué reaccionas de la forma en que lo haces». Nótese que en realidad se trata de preguntas neutras, no destinadas a inducir pensamientos depresivos. Los participantes realizaron esta tarea de reflexión durante ocho minutos. No intentes hacer esto en casa si eres disfórico, porque cuando se midió de nuevo su depresión, los que eran disfóricos se habían deprimido significativamente más, simplemente pensando en las razones de sus emociones negativas.

Aunque la reflexión no causó depresión en los participantes no disfóricos de este estudio, debemos tener en cuenta que las personas generalmente felices pueden verse afectadas por la reflexión, ya que tendemos a hacernos más preguntas de por qué cuando ocurren acontecimientos negativos y cuando estamos de mal humor. No perdemos el sueño intentando averiguar por qué algo ha ido bien, como aprobar un examen difícil o cerrar un trato con éxito. En cambio, es cuando las cosas no salen como esperábamos y nos encontramos en un estado de ánimo disfórico cuando empezamos a obsesionarnos con los porqués. De hecho, las personas que viven con factores estresantes crónicos, como un matrimonio sin amor, problemas económicos o trabajos insatisfactorios, tienden a reflexionar más. La razón es evidente: cuando las personas se enfrentan a sus problemas, tratan de averiguar sus causas para intentar resolverlos y evitar futuros errores; piensan que están adquiriendo nuevos conocimientos.

Por desgracia, los estudios también demuestran que la reflexión nos impide resolver eficazmente nuestros problemas[24]. Esto podría deberse al sesgo de confirmación. Cuando nos sentimos mal, recurrimos continuamente a recuerdos que confirman esa sensación. Es difícil ser un solucionador de problemas constructivo cuando no tienes fe en ti mismo. Como la reflexión no nos ayuda a descubrir soluciones o causas, puede llevarnos a una mayor incertidumbre, ansiedad y desesperanza sobre el futuro; también puede desembocar en una espiral de abuso de alcohol y trastornos alimentarios.

Una forma de abordar constructivamente las cuestiones causales extremadamente difíciles o casi irresolubles es distanciarse de la situación. Cuando reflexionamos, tendemos a sumergirnos en el problema. Por ejemplo, cuando se intenta averiguar por qué ocurrió un suceso trágico, es posible que se reviva la experiencia una y otra vez. Obviamente, esto hará aflorar de nuevo todas las emociones negativas. Cuando estás inmerso de esta manera, también es difícil dedicarse a la resolución de problemas, ya que te quedas demasiado agotado emocionalmente para mantener la perspectiva necesaria.

Por el contrario, ayuda distanciarse. Aunque un problema te afecte solo a ti, puedes intentar dar un paso atrás y adoptar la perspectiva de otra persona. Cito las instrucciones que se dieron a los participantes en un estudio diferente, uno que demostró la eficacia de ver las cosas desde un enfoque en el que se toma distancia con uno mismo[25] para resolver conflictos interpersonales. Se pidió a los participantes que recordaran un momento en el que se sintieron extremadamente enfadados y hostiles hacia alguien. Luego se les dijo: «Da unos pasos atrás y aléjate de tu experiencia… observa cómo se desarrolla el conflicto como si volviera a sucederle a tu yo distante». Mientras mantenían esta nueva perspectiva, se les dijo: «Intenta pensar en las razones que subyacen a las emociones de este tú distante». En comparación con los participantes del mismo estudio a los que se les indicó que utilizaran el enfoque de inmersión, los participantes que utilizaron esta perspectiva distanciada mostraron significativamente menos ira, tanto a nivel consciente como inconsciente.

El tomar distancia con uno mismo también tuvo un beneficio a largo plazo[26]. Los participantes volvieron al laboratorio una semana después del experimento en el que se les dijo que se distanciaran. En la segunda sesión, se les pidió que reconsideraran el acontecimiento negativo. Esta vez, no se les dijo que tomaran distancia, pero incluso, sin las instrucciones explícitas, los participantes manifestaron muchas menos emociones negativas en comparación con otro grupo de participantes que no se habían distanciado de la experiencia negativa durante la primera sesión. Una vez que habían visto la situación de forma diferente al distanciarse, era como si esa nueva representación hubiera permanecido con ellos.

Sin embargo, queda una gran pregunta por responder: ¿Cómo podemos saber si una pregunta de por qué tiene respuesta o no? En el sentido estricto, ninguna pregunta de por qué tiene respuesta. Nunca podremos averiguar las verdaderas causas de ningún resultado.

Podemos recurrir al razonamiento contrafactual para considerar si el Holocausto podría haber ocurrido si el presidente Wilson no hubiera contraído la gripe, pero nunca podremos obtener una respuesta definitiva de sí o no. No podemos cambiar una sola cosa del pasado y suponer que el resto seguiría igual, ya que nunca puede ser así (por eso detesto la mayoría de las películas o series de televisión que incluyen viajes en el tiempo, ya que es imposible que funcionen como suelen suponer los protagonistas).

Incluso en el caso de secuencias causales aparentemente mucho más sencillas y menos históricas, nunca podemos estar seguros al cien por cien de qué causó qué. Supongamos que Sarah recibe 100 dólares de su abuela por su cumpleaños y se pone contenta, pero, sin que ella misma lo sepa, Sarah puede haberse puesto contenta por el tiempo que hace o por un bonito lagarto que acaba de ver, o por la expectativa de comerse la tarta de cumpleaños.

Se podría decir que a veces podemos ver la causalidad en acción. Una bola roja rueda hacia una amarilla y, al entrar en contacto, la amarilla empieza a moverse. ¿No acabamos de ver cómo la bola roja provoca el movimiento de la amarilla? Incluso cuando observamos secuencias causales con nuestros propios ojos, no hay garantía de que un acontecimiento haya causado otro, como señaló David Hume, filósofo escocés del siglo XVIII. La bola amarilla puede haber sido movida por alguna fuerza distinta de la bola roja, o incluso por sí misma. La percepción de causalidad es una ilusión.

Cuando creemos haber encontrado la respuesta correcta a una pregunta de por qué, en cierto sentido lo único que hemos hecho realmente es encontrar la mejor respuesta a lo que tendríamos que hacer si queremos que se produzca el mismo resultado la próxima vez que nos enfrentemos a una situación similar, y lo que deberíamos evitar hacer si queremos un resultado diferente. Por eso, quizá las preguntas sobre los porqués que merezca la pena intentar responder son las que nos permiten obtener información que puede guiar nuestras acciones futuras. Si nunca vamos a encontrarnos en una situación similar, no solo es imposible dar con la respuesta, sino que además carece de sentido. Una vez que dejas de obsesionarte con por qué sucedieron ciertas cosas, especialmente las que desearías que no hubieran sucedido, puedes adoptar una perspectiva más distante, lo que puede ayudarte a liberarte de emociones negativas como el remordimiento y el arrepentimiento, y quizás también te permita participar en una resolución de problemas más constructiva la próxima vez que te encuentres en una situación complicada.

4

LOS RIESGOS DE LOS EJEMPLOS:

Qué nos perdemos cuando nos fiamos de las anécdotas

Utilizo muchos ejemplos en mis clases porque la investigación en psicología cognitiva me dice que es útil hacerlo. Los ejemplos vívidos son más convincentes, más fáciles de entender y más difíciles de olvidar que las explicaciones descontextualizadas y abstractas. Como ejemplo (por supuesto), considera lo siguiente:

> Si necesitas una gran fuerza para lograr un objetivo, pero no puedes aplicarla directamente, muchas fuerzas más pequeñas aplicadas desde diferentes direcciones pueden funcionar igual de bien.

Se trata de una descripción muy abstracta y descontextualizada y, aunque tiene sentido, es difícil entender en qué situaciones podría ser relevante, por lo que es poco probable que alguien la recuerde mañana. Ahora bien, analicemos la siguiente historia:

> Un pequeño país cayó bajo el férreo dominio de un dictador que gobernaba desde una fuerte fortaleza. La fortaleza se alzaba en medio del país, rodeada de granjas y pueblos. Muchas carreteras partían de la fortaleza como los radios de una rueda. Surgió un gran general que reunió un gran

ejército en la frontera y juró capturar la fortaleza y liberar al país del dictador. El general sabía que si todo su ejército atacaba la fortaleza a la vez, podría capturarla. Reunió a sus tropas en la cabecera de uno de los caminos que conducían a la fortaleza y preparó el ataque. Justo en ese momento, un espía trajo al general un inquietante informe. El despiadado dictador había colocado minas en cada uno de los caminos. Estaban colocadas de tal forma que pequeños grupos de hombres podían pasar sobre ellas sin peligro, ya que el dictador necesitaba poder mover sus propias tropas y trabajadores hacia y desde la fortaleza, pero cualquier fuerza grande haría detonar las minas. Esto no solo mataría a muchas tropas y dejaría la carretera intransitable, sino que provocaría que el dictador destruyera muchos pueblos a modo de represalia. Por lo tanto, un ataque directo a gran escala contra la fortaleza parecía imposible. Así que el general ideó un plan sencillo. Dividió su ejército en pequeños grupos y envió a cada uno a la cabeza de una carretera diferente. Cuando todo estuvo listo, dio la señal. Cada grupo marchó por su camino hacia la fortaleza, llegando exactamente al mismo tiempo.

La viñeta expone el mismo concepto que el principio abstracto que he citado antes y, aunque es menos concisa, resulta más atractiva y fácil de recordar. Los ejemplos concretos son mucho más poderosos que las descripciones abstractas y se nos quedan mucho mejor grabados. Además, resultan más convincentes.

En 1969, el Congreso de EE. UU. aprobó la Ley de Salud Pública sobre el Consumo de Cigarrillos, que exigía que los paquetes de cigarrillos llevaran una etiqueta con la leyenda «Atención: El cirujano general ha determinado que fumar cigarrillos es peligroso para la salud». La advertencia era tan vaga que tuvo poco efecto. En 1984, el Congreso promulgó la Ley de Educación

Integral sobre el Tabaquismo, que exigía que aparecieran advertencias específicas (por ejemplo, que los cigarrillos provocan cáncer de pulmón, enfermedades cardíacas, enfisema, complicaciones en el embarazo y lesiones fetales), pero incluso estas advertencias más específicas resultan algo vacías e insípidas. No nos quitan las ganas de fumar.

En Australia, las advertencias sobre el tabaco deben llevar fotos al lado, como la imagen de un bebé prematuro con brazos en forma de bastón y cordones de oxígeno pegados a su nariz arrugada, o la de unos repulsivos dientes verdes junto a una advertencia sobre el cáncer de boca y garganta. Hay pruebas científicas de que imágenes perturbadoras como estas funcionan. La campaña antitabaco de los Centros para el Control y la Prevención de Enfermedades (CDC, por sus siglas en inglés) con consejos de antiguos fumadores incluía testimonios. Uno de ellos hablaba a través de una caja de voz electrónica tras someterse a una laringectomía total por cáncer de garganta. Otro mostraba las cicatrices moteadas en el pecho de sus operaciones cardiovasculares, y a otro le habían extirpado la mitad de la mandíbula inferior a causa de un cáncer oral. La campaña hizo que aumentaran en un 12 % los intentos de dejar de fumar[27]. En marzo de 2020, la Administración de Alimentos y Medicamentos de EE. UU. aprobó la norma por la que las advertencias sanitarias de los paquetes de cigarrillos deben ir acompañadas de imágenes fotorrealistas de los efectos negativos del tabaco para la salud.

Aunque los ejemplos vívidos son una forma estupenda de comunicar y convencer, este capítulo se centra en sus riesgos. A menudo, los ejemplos concretos y las anécdotas pueden ser *demasiado* poderosos y llevarnos a violar importantes principios racionales. En 2020, por ejemplo, no era raro oír a la gente decir cosas como: «Mi abuelo dio positivo en Covid-19 y se recuperó en una semana. Al fin y al cabo, la Covid no es más que una gripe», o «Mi amigo nunca lleva mascarilla y no se ha contagiado la Covid». Para muchas personas, una o dos anécdotas de personas que conocen son más persuasivas que las pruebas científicas basadas en muestras mucho más amplias.

Para aquellos que utilizan las redes sociales como Instagram y Facebook, sí, todos sabemos con nuestras mentes racionales que las fotos de revista de nuestros amigos de lujosos lugares de vacaciones, comidas y bebidas son momentos cuidadosamente curados de sus vidas y no la forma en que viven día a día, pero viendo esa piscina de color aguamarina, un bolso de Chanel junto a una bebida tropical o las caras radiantes de sus amigos, es casi imposible imaginar que también tengan que lidiar con inseguridades, problemas de ira o brotes ocasionales del síndrome del intestino irritable, como todo el mundo.

Para evitar dejarnos influir demasiado por ejemplos vívidos y anécdotas, podemos preguntarnos por qué son tan poderosos. Algunos investigadores han argumentado que se debe a que nuestras mentes están construidas para pensar en términos de lo que experimentamos y percibimos en lugar de conceptos abstractos. Es decir, nuestro pensamiento se basa principalmente en lo que podemos ver, tocar, oler, saborear u oír. Por ejemplo, una imagen de la boca de alguien con cáncer oral es convincente, ya que casi te hace sentir el tipo de dolor en la encía que podrías experimentar en la consulta de un dentista. Aunque estoy de acuerdo con esta propuesta, no nos ayuda a ignorar una historia que hayamos podido leer en abril de 2021 sobre una madre de tres hijos que murió de un coágulo de sangre tras vacunarse del Covid con la vacuna de Johnson & Johnson. En nuestra mente, esa historia puede anular por sí sola las estadísticas de los CDC que decían que solo seis de los 6,8 millones de personas que habían recibido la vacuna de Johnson & Johnson hasta entonces habían desarrollado esos coágulos. Así que replanteemos la cuestión: ¿Por qué nos convencen *menos* las estadísticas abstractas que los ejemplos de casos concretos?

Ciencia de datos 101

La principal razón por la que no nos convencen las estadísticas es que la mayoría de nosotros no las entendemos del todo. Hay al menos tres conceptos claves que todos debemos comprender mejor si queremos evitar hacer juicios manifiestamente irracionales en la vida cotidiana. Se trata de la ley de los grandes números, la regresión a la media y el teorema de Bayes. Estos términos suenan técnicos, y algunos lectores pueden desanimarse con solo verlos nombrados. Sin embargo, hay estudios que demuestran que conocer estos principios ayuda a las personas a hacer valoraciones más precisas. A continuación, explicaré cada uno de ellos. Y no te preocupes: utilizaré muchos ejemplos.

La ley de los grandes números

La ley de los grandes números es uno de los principios más importantes que hay que seguir cuando necesitamos extraer conclusiones a partir de observaciones limitadas. Significa simplemente que cuantos más datos, mejor. Por ejemplo, podemos estar más seguros de que un nuevo restaurante es excelente después de haber comido cinco veces en él que después de haber comido solo una. Cuantas más observaciones hagamos, con más precisión podremos generalizar el patrón a casos que aún no hayamos observado o hacer predicciones sobre el futuro. Aunque intuitivamente comprendemos la ley de los grandes números, a menudo la ignoramos.

Existen numerosos ejemplos de la vida real en los que se ignora la ley de los grandes números y, en su lugar, se recurre a la anécdota. Ya he mencionado algunos, pero aquí van algunos más. La gran mayoría de las empresas de nueva creación fracasan: entre el 70 % y el 90 %, según a quién se pregunte. Sin embargo, una historia sobre cómo tres tipos pasaron de alquilar colchones a crear Airbnb, una empresa de 31.000 millones de dólares en 2020, puede hacer fantasear a cualquiera con la idea de convertirse en un empresario rico.

He aquí un ejemplo relacionado con el cambio climático. A pesar de las numerosas estadísticas que muestran el aumento de los niveles de dióxido de carbono atmosférico a lo largo de miles de años, la subida de las temperaturas medias y el aumento del nivel del mar, una simple tormenta de nieve puede hacer que el presidente de Estados Unidos tuitee: «Qué demonios está pasando con el Global Waming [*sic*]?». Stephen Colbert tuvo la respuesta perfecta: «¡El calentamiento global no existe porque hoy he pasado frío! Además, una gran noticia: Se acabó el hambre en el mundo porque acabo de comer».

No sería prudente citar exclusivamente anécdotas para ilustrar el riesgo de confiar demasiado en los ejemplos, así que hablemos de pruebas científicas basadas en experimentos más controlados sobre muestras más amplias. Un estudio utilizó a estudiantes universitarios para obtener información[28] sobre un tema que les importa mucho: las evaluaciones de las asignaturas. Al final de cada trimestre, la mayoría de las universidades piden a los estudiantes que valoren varios aspectos de las asignaturas que acaban de cursar. Un grupo de participantes recibió las puntuaciones medias de las evaluaciones realizadas por antiguos alumnos, del tipo: «Evaluación media de la asignatura (basada en 112 de 119 matriculados): Bien». Mientras que el otro grupo vio los vídeos de los comentarios verbales de un puñado de estudiantes, como «Cursé la asignatura de aprendizaje y memoria, y la califiqué como buena... Cubre el aprendizaje y la memoria bastante bien, aunque al ser tan general no puede profundizar tanto como uno quisiera... A veces me resultaba aburrida... Pero había una cantidad sustancial de información que valía la pena». Todos los participantes (tanto los que solo recibieron las valoraciones, como los que solo escucharon las anécdotas) seleccionaron después las asignaturas que pensaban que querrían cursar en los próximos años. Los resultados mostraron que los comentarios anecdóticos habían afectado las elecciones de los participantes mucho más que las puntuaciones medias de evaluación de las asignaturas, que se basaban en las experiencias de muchos más estudiantes.

Siguiendo el espíritu de la ley de los grandes números, presentaré otro estudio, pero esta vez, los investigadores también intentaron ver si los participantes podían evitar verse excesivamente afectados por un solo caso si eran capaces de reconocer esta falacia de razonamiento[29], al igual que los lectores de este capítulo. Se dijo a los participantes que ganarían 5 dólares por completar una encuesta que no tenía nada que ver con el estudio en sí. Cuando terminaron, recibieron su pago en efectivo, junto con un sobre que contenía una carta de solicitud de Save the Children, en la que se describía una crisis alimentaria en el sur de África, y que debían leer atentamente.

Para un grupo de participantes, la carta constaba de información objetiva extraída del sitio web de Save the Children, como por ejemplo «La escasez de alimentos en Malawi afecta a más de tres millones de niños. Cuatro millones de angoleños (un tercio de la población) se han visto obligados a huir de sus hogares». De media, esos participantes donaron 1,17 dólares.

A otro grupo no se le dieron estadísticas. En su lugar, se les mostró la foto de una niña llamada Rokia, de 7 años, de Mali, acompañada de una historia sobre la grave amenaza que supone para ella el hambre y la inanición. La donación media de este grupo fue de 2,83 dólares, más del doble. Una forma de interpretar estos resultados es que los participantes estaban más convencidos de la crisis alimentaria en el sur de África cuando se les presentaba un solo caso que con millones de casos. De ser así, se infringiría la ley de los grandes números.

El estudio también contó con un tercer grupo de participantes a los que se enseñó este efecto de víctima identificable. ¿Acaso aprender sobre su absurdo lo disiparía? Los participantes en lo que llamamos «condición de intervención» se dividieron en dos grupos: uno leyó los datos sobre los sufrimientos de millones de personas y el otro leyó la historia de Rokia, de 7 años. Pero ambos grupos leyeron también el siguiente texto:

> Las investigaciones demuestran que la gente suele reaccionar con más intensidad ante personas concretas que tienen problemas que ante estadísticas sobre personas con problemas. Por ejemplo, cuando «Baby Jessica» cayó a un pozo en Texas en 1989, la gente envió más de 700 000 dólares para su rescate. Las estadísticas (por ejemplo, los miles de niños que casi con toda seguridad morirán en accidentes de automóvil el año que viene) rara vez suscitan reacciones tan fuertes.

Este texto sí marcó la diferencia en un aspecto: el grupo que acababa de leer sobre Rokia donó 1,36 dólares de media cada uno, menos de lo que habrían donado si no hubieran leído el texto explicativo sobre el efecto «Baby Jessica». Por desgracia, la lectura de ese texto no aumentó la donación media entre los participantes a los que solo se les dieron las estadísticas y no el ejemplo. Aprender sobre el poder de ejemplos concretos puede haber hecho a la gente algo más racional, pero no ayudó en términos de donaciones globales a Save the Children. Dicho de forma más abstracta, aprender sobre lo absurdo del efecto de víctima identificable no hizo que la gente se dejara influir más por datos más amplios. Por eso muchas organizaciones como Save the Children presentan historias y estadísticas en sus páginas web y en sus campañas de recaudación de fondos, junto con fotos de niños preciosos, lo que podría ser el enfoque óptimo.

No obstante, otro estudio ha demostrado que *existe* una forma de ayudar a la gente a buscar más datos[30] y darles más credibilidad, y es enseñarles *por qué* la ley de los grandes números es racional. Podría describir ese estudio, pero para que mi explicación sea más vívida y memorable, me utilizaré a mí misma como ejemplo.

Cuando mi hijo tenía 5 años, le apunté a una clase de patinaje para principiantes. Consiguió ponerse de pie sobre el hielo y caminar unos pasos, pero al final de la tercera temporada eso era todavía todo lo que podía hacer (sí, tercera temporada, no la tercera sesión). También le apunté a fútbol cuando tenía 7 años. Durante uno de sus partidos, me di cuenta de que cada vez que el balón volaba hacia él, huía de él. Basándome en esos ejemplos, me pareció que quedaba claro que no le gustaban los deportes.

Sin embargo, de acuerdo con la ley de los grandes números, tenemos que pensar en *todos* los deportes, no solo en el fútbol y el patinaje, sino también en el tenis, el voleibol, el béisbol, el baloncesto, el surf, el *curling*, el remo, la escalada, el trineo, la doma, el tiro con arco… ya me entiendes. Supongamos que hay cien deportes diferentes en el mundo. Los estadísticos llaman a esto la «población», es decir, el conjunto de cosas consideradas. Yo solo he observado dos muestras, patinaje y fútbol, pero he hecho una inferencia sobre toda ella. Generalizar basándose en un número tan pequeño de muestras en relación con la población total es problemático. Supongamos que, de una población de cien deportes, mi hijo estuviera interesado en sesenta de ellos. Aunque hubiera podido disfrutar de más de la mitad de la variedad de deportes, no es improbable que los dos que su madre eligió para presentarle primero no fueran lo suyo. Al fin y al cabo, había cuarenta que no le iban a gustar.

En cuanto a mi hijo, menos mal que su instituto obligaba a todos los alumnos a practicar algún deporte. Llegó a ser capitán de su equipo de campo a través y sigue corriendo con regularidad. Quizá no huía del balón de fútbol, sino que simplemente le gustaba correr.

La regresión a la media

El siguiente concepto estadístico, la regresión a la media, no es fácil de entender. Lo aprendí por primera vez cuando estaba en la escuela de posgrado, pero para ser sincera, no creo que lo entendiera entonces. Después de enseñar este concepto durante varias décadas, creo que por fin he descubierto cómo explicarlo. Una buena manera de empezar es con el fenómeno conocido como «el gafe de la portada de la revista *Sports Illustrated*», que a menudo se utiliza como ejemplo de regresión a la media.

Justo después de que una persona o un equipo aparezca en la portada de la revista *Sports Illustrated*, su rendimiento suele empezar a descender. Por ejemplo, el número del 31 de agosto de 2015 de *Sports Illustrated* tiene una foto de portada de Serena Williams, una de las mejores tenistas del mundo, mirando atentamente la pelota que acababa de lanzar al aire para servir. El titular decía: «Todos los ojos puestos en Serena: el Slam». En el interior, el artículo decía: «Serena tiene la oportunidad de ganar un Grand Slam habiendo ganado todos los partidos por primera vez en su carrera… Este año, Serena derrotó a Maria Sharapova en la final del Abierto de Australia, a Lucie Šafářová en la final del Abierto de Francia y a Garbiñe Muguruza en la final de Wimbledon». Pero nada más llegar el número a los quioscos, Serena perdió contra la italiana Roberta Vinci en el Abierto de Estados Unidos, sin llegar siquiera a la final.

El 4 de septiembre de 2017, Tom Brady, que en ese momento había logrado cuatro premios de MVP del Super Bowl y dos premios de MVP de la NFL, apareció en la portada de *Sports Illustrated*. Ese año seguía con los New England Patriots, y la portada promocionaba la nueva temporada con el titular «El problema de los Patriots: ¿se puede detener a la dinastía imparable? Respuesta: no». Resultó que esta portada también estaba equivocada. Los Patriots perdieron contra los Kansas City Chiefs 42-27 en el partido inaugural de la temporada.

Esos son solo dos ejemplos, pero no ignoro la ley de los grandes números. En Wikipedia hay una lista larguísima de equipos y deportistas que han sufrido el gafe de la portada de la revista *Sports Illustrated* desde 1954, año de su lanzamiento.

Si el gafe es real, ¿por qué ocurre? Tal vez los que alcanzan la fama suficiente para aparecer en la portada se vuelven arrogantes y bajan la guardia. O puede que se vuelvan demasiado ansiosos debido a los focos que los iluminan, pero en lugar de culpar a los propios deportistas, podemos explicar el gafe como un fenómeno estadístico conocido como regresión a la media. Lo que sigue es un ejemplo extremo inventado para explicar este concepto. Después volveré a hablar sobre el gafe.

Imagina que diez mil estudiantes hacen un examen de 100 preguntas de verdadero/falso. Supón que ninguno de ellos tiene conocimientos previos sobre las preguntas, que son del tipo: «El número de la seguridad social de Jennifer López termina en número par» y «Ruth Bader Ginsburg tenía quince pares de calcetines deportivos en 2015». Todos los alumnos tienen que adivinar las respuestas. En otras palabras, no hay variación entre las verdaderas habilidades de los alumnos para responder a estas preguntas. Pero como son verdadero/falso, la puntuación media en esta prueba no es cero, sino que es más probable que sea 50 sobre 100, con muchos de los estudiantes puntuando entre 40 y 60 puntos. Con todo, es posible (aunque muy raro) que la persona más afortunada de este grupo acierte 95 respuestas, y que otra con mala suerte acabe acertando solo 5.

Imagina ahora que esos mismos diez mil estudiantes se someten a un nuevo examen de verdadero/falso, también con 100 preguntas, y de nuevo se limitan a adivinar. ¿Qué pasaría con los que acertaron 95 o 5 en la primera prueba? Sería muy improbable que el que obtuvo 95 la primera vez volviera a tener esa suerte. Y también es improbable que esa persona que falló 95 respuestas tenga tanta mala suerte una segunda vez. Por lo tanto, las puntuaciones de los estudiantes extremadamente afortunados en el primer examen tenderán a bajar y las de los extremadamente desafortunados a subir. Esto no tiene nada que ver con los conocimientos, la motivación o la ansiedad de los estudiantes. Es un fenómeno puramente estadístico llamado regresión hacia la media; las puntuaciones extremas en el primer examen tienden a moverse hacia la media en el segundo.

La regresión hacia la media no solo se produce en los casos en los que los estudiantes tienen que adivinar. Tanto en los exámenes como en los deportes, la música o cualquier otra actividad, siempre hay factores aleatorios que influyen en el rendimiento y hacen que el resultado sea mejor o peor de lo que se es realmente capaz. Teniendo en cuenta este fenómeno estadístico, el gafe de la portada de *Sports Illustrated* resulta más fácil de entender. Los deportistas de élite también se ven afectados por factores aleatorios, como las condiciones de juego, la intensidad de la competición en sus calendarios, la calidad del descanso y la alimentación, los rebotes aleatorios del balón, la variabilidad del arbitraje, etcétera. Cuando estos factores aleatorios juegan a su favor, es más probable que los deportistas muestren su verdadero talento o lo superen. Es entonces cuando decimos: ¡*Vaya, lo que le ha dado hoy*! Aquellos que rindieron lo suficientemente bien como para aparecer en la portada de *Sports Illustrated* es probable que hayan tenido muchos factores aleatorios alineados a su favor durante un tramo notable, pero estadísticamente, eso no puede durar siempre y no durará. Ningún campeón tiene un historial perfecto. No estoy diciendo que los mejores jugadores sean simplemente afortunados y que, cuando se les acabe la suerte, vayan a retroceder hasta el nivel de un jugador medio. Sin embargo, cuando se juega a un nivel de competición extremadamente alto, incluso un poco de mala suerte puede significar una derrota, y de ahí el gafe.

Si ignoramos la regresión hacia la media, podemos hacer atribuciones causales inexactas, lo que se conoce como falacia de regresión. Por ejemplo, podemos suponer que un deportista se volvió demasiado arrogante o perezoso tras hacerse famoso, cuando en realidad su pérdida se debió a la regresión hacia la media. Lo mismo puede ocurrir en la dirección opuesta, lo que nos lleva a dar un crédito indebido a las personas. Por ejemplo, supongamos que una profesora inventa un nuevo método de enseñanza para motivar a los alumnos y lo prueba con los que sacaron peores notas en el último examen. Cuando los resultados de los alumnos suben, la profesora afirma que se debe a que su método de enseñanza les ha motivado para estudiar. Sin embargo, también podría tratarse de una regresión hacia la media; los que obtuvieron peores resultados en el primer examen probablemente tuvieron algunos factores aleatorios en su contra, como tener un mal día o tener que responder a preguntas de un área que casualmente no habían estudiado. La probabilidad de que todos esos factores de mala suerte se repitan en el siguiente examen es baja. Por desgracia para la profesora, las notas de los alumnos pueden haber subido simplemente por regresión a la media.

La falacia de regresión puede darse en situaciones de entrevistas de trabajo, y aquí es donde el poder de los ejemplos concretos, de los que trata este capítulo, puede resultar problemático. Muchas decisiones de contratación se toman después de entrevistas personales o audiciones. Los que han entrado en la lista de preseleccionados para la entrevista o audición ya han superado un cierto umbral, por lo que no hay mucha variación entre los candidatos, lo que significa que los factores aleatorios pueden ser suficientes para cambiar las decisiones finales de contratación. Durante una entrevista o audición, muchas cosas pueden ir bien o mal para los candidatos y muchas de ellas están fuera de su control. El entrevistador puede estar de mal humor debido a las noticias de la mañana que ha escuchado en el coche de camino al trabajo. Oí hablar de una candidata que se presentó con los zapatos desparejados porque casualmente estaban uno al lado del otro cuando salía corriendo de casa; imagínese lo cohibida que debió de sentirse durante toda la entrevista. O imagínate a un candidato que casualmente lleva una camisa azul que es exactamente del tono que adora el entrevistador, o que la pieza de la audición que se le pide a un músico resulta ser algo en lo que ha estado trabajando todo el año.

Además de todos estos factores aleatorios que pueden jugar a favor o en contra de los candidatos, el problema inherente a las entrevistas o audiciones es que los entrevistadores solo observan una pequeña parte del rendimiento de la persona. Tomar decisiones de contratación basándose principalmente en entrevistas es una violación de la ley de los grandes números, pero dado que las interacciones cara a cara son vívidas, destacadas, concretas y memorables, los entrevistadores piensan que están observando quién es realmente el candidato, en lugar de un retrato sesgado de la persona matizado por factores aleatorios. Y esta impresión de una pequeña muestra de cualidades exhibidas ese día en particular puede hacer que los responsables de la toma de decisiones ignoren los antecedentes que reflejan con mayor precisión las aptitudes del candidato, demostradas a lo largo de muchos años. Una persona que parece asombrosa y brillante durante una entrevista puede no serlo tanto una vez contratada. Dada la regresión hacia la media, eso es lo que, hasta cierto punto, deberíamos esperar. Y una persona que no ha tenido un rendimiento brillante en una entrevista (por ejemplo, la candidata que parecía nerviosa porque no llevaba los zapatos que le correspondían) podría resultar ser un gran partido que la empresa ha pasado por alto.

Cuando buscaba trabajo como profesora adjunta, tuve la oportunidad de observar muchos métodos de entrevista empleados por diversos profesores de psicología. En una universidad, el presidente del comité de búsqueda me preguntó qué significaba «metafísica» (porque durante mi charla sobre el trabajo había dicho que no hablaría de la metafísica de la causalidad), así que dije algo así como: «Cómo son realmente las cosas en el mundo, más que cómo piensa la gente sobre ellas». El catedrático dijo: «ERROR». (Sigo sin saber qué le pareció mal de mi respuesta o qué le pasaba a ese señor ese día). Por supuesto, no conseguí ese trabajo; muchos años después, uno de los miembros de la facultad que estaba presente me pidió disculpas por el comportamiento de aquel catedrático.

Si actualmente estás haciendo entrevistas, tal vez desearías que los entrevistadores leyeran este capítulo, para poder ir con tus currículos y cartas de recomendación de gente que te conoce desde hace tiempo. Desearlo no es tu única alternativa; hay algo proactivo que puedes hacer para evitar ser víctima de la falacia de regresión cometida por otros, y es aumentar el tamaño de tu muestra. Como siempre hay factores aleatorios en el mundo; si solicitas el mayor número posible de empleos, es más probable que esos factores aleatorios se anulen entre sí, aumentando tus posibilidades de conseguir un trabajo en el que se aprecien tus verdaderas habilidades y experiencias.

Sin embargo, ¿cómo podemos evitar cometer nosotros mismos la falacia de la regresión? ¿Qué deben hacer, por ejemplo, los entrevistadores? Si es posible, el método más sencillo sería evaluar a los candidatos únicamente en función de sus currículos. Puede parecer una barbaridad, pero de hecho conozco a alguien que lo hace: el presidente del comité de búsqueda que finalmente me contrató en la Universidad de Yale, que me dijo que no creía en las entrevistas. Para llenar los treinta minutos de nuestra penosamente larga entrevista, tuve que formular yo misma una serie de preguntas sobre mi filosofía docente y mis planes de investigación, y luego responderlas. Conseguí el trabajo, y lo elegí por encima de ofertas de otros lugares que me sometían a los tradicionales dos días de interrogatorio, así que no tengo ninguna queja.

No obstante, no realizar ninguna entrevista de trabajo puede no ser una opción viable para las decisiones de contratación que requieren que veamos al candidato en acción. Los currículos y las cartas de recomendación pueden parecer demasiado impersonales y vagos; podemos creer que podemos tomar una decisión mucho mejor si podemos ver a la persona, aunque sea por un breve momento. El problema es que, una vez que lo hacemos, es difícil que esa impresión no nos afecte demasiado. Al mismo tiempo, sabemos que no debemos hacerlo. Al fin y al cabo, pocos estamos preparados para casarnos con alguien después de la primera cita. Solo tenemos que recordar la regresión a la media y no dejarnos impresionar demasiado por una actuación estelar, o molestarnos demasiado por los zapatos elegidos por un candidato. Del mismo modo que tenemos varias citas con alguien antes de comprometernos en matrimonio, tenemos que hacer varias observaciones de los candidatos siguiendo la ley de los grandes números. Lleva más tiempo y esfuerzo observarlos en distintos entornos, pero al final puede resultar más barato y fácil que contratar a la persona equivocada.

El teorema de Bayes

El tercer principio estadístico importante que puede ayudarnos a ser más racionales es el teorema de Bayes. Una vez más, empecemos con un ejemplo.

La mayoría de los adultos de Estados Unidos nacidos antes de la década de 1990 tienen recuerdos fotográficos de los atentados del 11 de septiembre de 2001. En la televisión se emitieron una y otra vez vídeos que mostraban el agujero en la torre o el polvo que se esparcía por las calles. Los periódicos y las revistas publicaban imágenes de las ruinas e historias sobre cómo se rescataba a la gente. Casi tres mil personas perdieron la vida. Los estadounidenses estaban desolados.

Trágicamente, parte de esa rabia se dirigió contra musulmanes estadounidenses que no tenían nada que ver con grupos islámicos extremistas como Al Qaeda, autora del atentado. Los crímenes de odio contra los musulmanes se dispararon. Se incendiaron mezquitas. Mujeres musulmanas que paseaban a sus hijos en cochecitos fueron atacadas por una mujer que gritaba obscenidades contra los musulmanes. Un hombre en San Luis apuntó con una pistola a una familia musulmana, gritando: «¡Todos deberían morir!». En 2015, *The Washington Post* informó que «los delitos de odio contra los musulmanes siguen siendo hoy cinco veces más frecuentes que antes del 11S».

Las medidas antiterroristas que el gobierno estadounidense puso en marcha inmediatamente después del 11S también iban dirigidas a los musulmanes. Los agentes federales registraron barrios donde vivían familias árabes, musulmanas y sudasiáticas. Miles de jóvenes que no habían hecho nada ilegal fueron arrestados, detenidos o «entrevistados» solo por su origen étnico. Algunos permanecieron recluidos durante meses en condiciones abusivas. Hubo muchos intentos de poner fin a este tipo de perfiles étnicos, incluido el informe de 2004 de la Unión Estadounidense por las Libertades Civiles, que concluyó que es ineficaz e ineficiente.

Sin embargo, ¿por qué es ineficaz la elaboración de perfiles étnicos? Algunos podrían defender la islamofobia argumentando que no es práctico registrar a todo el mundo, y citar el hecho de que los atentados del 11S fueron perpetrados por terroristas de Oriente Medio. Sin embargo, desde un punto de vista probabilístico, la elaboración de perfiles étnicos no está justificada en absoluto. Para entenderlo bien, tenemos que comprender algunos conceptos básicos de la teoría de la probabilidad, en concreto, el teorema de Bayes.

Imaginemos que existe una cosa y que lo único que sabemos de ella es que es un koala. ¿Cuál es la probabilidad de que esta cosa sea un animal dado que es un koala? Muy fácil. Es del

100 %. A continuación, considera la inversa. Hay otra cosa, y todo lo que sabemos de esta otra cosa es que es un animal. ¿Cuál es la probabilidad de que esta otra cosa sea un koala dado que es un animal? Definitivamente, no es del 100 %.

Estupendo. Ya has demostrado que entiendes lo que se conoce como probabilidad condicional. Como su nombre indica, la probabilidad condicional es la probabilidad de que algo, digamos A (animal), sea cierto, dado que o condicionado a que otra cosa, digamos B (koala), sea cierta. Ahora bien, hemos establecido que la probabilidad de que A (animal) se cumpla dado que B (koala) se cumpla no es la misma que la probabilidad de que B (koala) se cumpla dado que A (animal) se cumpla.

El ejemplo es claro y la lógica se aplica a todas las probabilidades condicionales, pero la gente confunde a menudo la probabilidad de que A se cumpla con B con la probabilidad de que B se cumpla con A. Un famoso estudio que demuestra esta confusión se refiere a cómo debemos interpretar los resultados de una mamografía.

Supongamos que una mujer tiene cáncer de mama. Me referiré a que tiene cáncer de mama como A. Como sabemos, la probabilidad de que esta mujer tenga una mamografía positiva, una que muestre un bulto en sus pechos, es bastante alta. Llamemos B a la probabilidad de tener una mamografía positiva. Es decir, la probabilidad de que B (mamografía positiva) sea A (cáncer de mama) es alta. Sin embargo, debido a esto, la gente también piensa que si una mujer, ignorante de si tiene cáncer de mama o no, recibe una mamografía positiva (B), significa que es muy probable que tenga cáncer de mama (A). Es decir, piensan que la probabilidad de que A se dé en B también es alta, pero no es así. Que la probabilidad de un resultado positivo (B) en caso de cáncer de mama (A) sea alta no significa que la probabilidad de cáncer de mama (A) en caso de un resultado positivo (B) sea igualmente alta.

Para calcular la probabilidad de que A se deba a B, o P(A|B), a partir de la probabilidad de que B se deba a A, o P(B|A), tenemos que utilizar el teorema de Bayes, descubierto a mediados del siglo XVIII por un famoso estadístico, filósofo y ministro presbiteriano llamado Thomas Bayes. Hay muchas teorías sobre cómo Bayes se interesó por la teoría de la probabilidad, pero mi favorita es que quería socavar el argumento del filósofo David Hume contra los milagros. Para los curiosos, hablaré de ello después de explicar la fórmula.

El teorema de Bayes se utiliza a menudo para actualizar una teoría o creencia existente, A, a partir de nuevos datos, B. Por ejemplo, después de haber visto tres grandes películas de Tom Hanks, es posible que creas que todas las películas de Tom Hanks son increíbles, pero ahora has visto una cuarta que era mala (lo siento, señor Hanks, esto es solo hipotético, soy una gran fan suya). Dada esta nueva evidencia, necesitas actualizar tu confianza en la creencia de que todas las películas de Tom Hanks son estupendas. El teorema de Bayes especifica una forma racional de actualizar dicha creencia. No es de extrañar que resulte fundamental para la ciencia de datos y el aprendizaje automático, ya que se trata de aprender hasta qué punto se debe confiar en una determinada creencia después de haber observado nuevos datos.

La fórmula en sí (más complicada que la de E = mc^2 de Einstein) da bastante miedo y es difícil de entender a nivel intuitivo. Los lectores a los que no les interese la fórmula en sí pueden saltarse los siguientes párrafos y continuar con el que empieza por «Vale» (pero si quieren descubrir la visión bayesiana de los milagros, tendrán que acompañarme en este paseo a través de las matemáticas).

El teorema de Bayes es:

$$P(A \mid B) = \frac{P(B \mid A) \times P(A)}{P(B \mid A) \times P(A) + P(B \mid \text{no-}A) \times P(\text{no-}A)}$$

donde P(A) y P(B) significan tasas base de A y B, es decir, la frecuencia con la que se produce el cáncer de mama y la frecuencia con la que vemos mamografías positivas, mientras que no-A significa ausencia de A, es decir, no tener cáncer de mama. Por lo tanto, P(B|no-A) significa, por ejemplo, la probabilidad de que uno muestre un mamograma positivo incluso cuando no tiene cáncer de mama (como puede ocurrir, por ejemplo, debido a senos densos). Si aplicamos el ejemplo de la mamografía positiva a este teorema, aunque la probabilidad de que las mujeres con cáncer de mama muestren mamografías positivas, P(B|A), sea muy alta, digamos del 80 %, y la probabilidad de que las mujeres sin cáncer de mama muestren una mamografía positiva, P(B|no-A), sea muy baja, digamos del 9,6 %, la probabilidad de que las mujeres que dan positivo en la mamografía tengan cáncer de mama, P(A|B), es solo del 0,078 o el 7,8 %. Esta probabilidad es sorprendentemente baja, y se debe a que la tasa base de cáncer de mama en la población, P(A), es del 1 %. He aquí la ecuación con todos los números introducidos.

$$\frac{0,8 \times 0,01}{0,8 \times 0,01 + 0,096 \times (1 - 0,01)} = 0,078$$

Esta cifra es tan baja que las que dan positivo en una mamografía necesitan pruebas adicionales, y también es la razón por la que existe controversia sobre si debe recomendarse la mamografía anual.

En un estudio realizado a principios de la década de 1980[31], se proporcionaron estas cifras a los participantes (incluidos médicos en ejercicio) y se les pidió que calcularan la probabilidad de que una mujer con una mamografía positiva tuviera cáncer de mama. ¿Dieron los médicos mejores estimaciones? No. La mayoría de las personas, incluidos 95 de cada 100 médicos, dijeron que la probabilidad era de entre el 75 y el 80 %. Para que esa probabilidad fuera tan alta, la tasa base de cáncer de mama, P(A), tenía que ser ridículamente alta, digamos un 30 %. Es decir, solo si el cáncer de mama afecta a un tercio de las mujeres de mediana edad, en lugar de al 1 %, podemos decir que una mamografía positiva se traduce en un 80 % de probabilidades de tener cáncer de mama. Dado que el cáncer de mama es mucho más raro que eso, la probabilidad de que una mamografía positiva detecte un cáncer de mama real es inferior al 10 %.

Este último punto nos remite a Hume frente a Bayes. Hume cuestionó la validez de la resurrección de Jesús, dado que, fuera de la Biblia, ningún muerto había resucitado en toda la historia de la humanidad, y que solo unos pocos testigos declararon haber visto a Jesús después de su crucifixión. Bayes no publicó nada para rebatir el argumento de Hume, pero según los filósofos y matemáticos modernos, he aquí cómo podría haberlo hecho utilizando su propia ecuación[32]. Si uno cree que la probabilidad de la resurrección de Jesús, P(A), es alta, entonces la probabilidad de que Jesús resucitara realmente dado que tenía testigos, P(A|B), puede ser alta, suponiendo que estos testigos sean tan fiables como la mamografía del cáncer de mama. En otras palabras, afirmar que el milagro de Jesús ocurrió realmente no viola los principios racionales de la teoría de la probabilidad. Por supuesto, si una persona que razona no creyera que Jesús es el Mesías de manera que la P(A) fuera muy baja, el argumento de Hume sería racionalmente correcto.

Vale, ha sido un rodeo bastante largo para demostrar por qué la islamofobia es irracional y discriminatoria. Hablábamos del hecho de que los atentados del 11 de septiembre fueron tan vívidos y destacados que quedaron grabados en nuestras mentes. Como resultado, la gente puede creer que, si hay terrorismo, ha sido obra de musulmanes. Eso en sí mismo es una falacia debido a la ley de los grandes números; el tamaño de la muestra es demasiado pequeño para concluir que todas o incluso la mayoría de las actividades terroristas son cometidas por musulmanes, pero lo que lo hace aún peor en este caso es que la gente también confunde las probabilidades condicionales. Es decir, partiendo de la creencia de que «si hay terrorismo, es por parte de musulmanes», le dan la vuelta y creen que «si una persona es musulmana, esa persona es terrorista». Esto es tan disparatado como decir que «si algo es un koala, es un animal» también significa «si algo es un animal, es un koala».

Una persona decidida a debatir podría decir que, aunque no sean lo mismo, la probabilidad de que un animal sea un koala es mucho mayor que la probabilidad de que una cosa no animal sea un koala. Así, pues, el razonamiento es el siguiente: la probabilidad de que cualquier musulmán al azar sea un terrorista debería ser mayor que la probabilidad de que cualquier no musulmán al azar sea un terrorista, y, por lo tanto, el perfil étnico está estadísticamente justificado. ¿Correcto? No.

En 2021, la población adulta de Estados Unidos era de unos doscientos millones de habitantes, de los cuales alrededor del 1,1 %, es decir, 2,2 millones, eran musulmanes. En este análisis, utilizo un informe de 2017 de la Oficina de Rendición de Cuentas del Gobierno de Estados Unidos[33], que recoge el número de incidentes terroristas mortales que tuvieron lugar inmediatamente después del 11S hasta finales de 2016, que es el registro más reciente que he podido encontrar. Según este informe, extremistas violentos llevaron a cabo ochenta y cinco acciones en Estados Unidos que causaron víctimas mortales entre el 12 de septiembre de 2001 y el 31 de diciembre de 2016. Veintitrés de estos incidentes, o el 27 % de ellos, se atribuyeron a islamistas radicales. De ellos, seis fueron cometidos por la misma persona, el francotirador de Washington D.C. Beltway en 2002, y tres por los hermanos que cometieron el atentado de la maratón de Boston. Así pues, el número total de terroristas únicos motivados por ideas islamistas radicales que causaron víctimas mortales en Estados Unidos durante ese periodo es inferior a veintitrés; yo cuento dieciséis en el informe.

Tal vez esta cifra pueda parecerles escandalosamente baja a algunos lectores, que también recuerdan claramente el tiroteo en la discoteca de Orlando y el tiroteo en la fiesta de la oficina en San Bernardino, California. Todos ellos están contabilizados. (Si todavía te parece que tiene que haber más, se trata de otro efecto de los ejemplos vívidos, conocido como heurístico de disponibilidad, tal y como la bautizaron los psicólogos Daniel Kahneman y Amos Tversky: juzgamos la frecuencia de los acontecimientos en función de lo accesibles que están en nuestra mente).

Ahora estamos preparados para calcular la probabilidad de que un adulto musulmán cualquiera en las calles de Estados Unidos sea un terrorista. Sería el número de terroristas musulmanes, dieciséis, dividido por el número total de musulmanes en Estados Unidos, 2,2 millones, que es 0,0000073 o 0,00073%. Es decir, aunque los agentes del FBI detuvieran a diez mil musulmanes adultos, la probabilidad de que uno de ellos sea terrorista es casi nula. (En caso de que algún lector siga siendo escéptico sobre mi estimación de dieciséis terroristas musulmanes causantes de esos veintitrés atentados mortales, no debería ser difícil ver que incluso si ese número se aumenta a 160, la probabilidad sigue siendo esencialmente cero).

Las personas que intentan justificar la elaboración de perfiles étnicos y la discriminación de los musulmanes no entienden de probabilidades condicionales. La probabilidad de que un terrorista en suelo estadounidense durante los quince años muestreados fuera musulmán es del 27%. Es decir, si hubieran comprobado a 100 terroristas conocidos, 27 de ellos podrían ser musulmanes. Eso es sustancialmente alto, pero esa no es la probabilidad que hay que utilizar cuando tomamos decisiones sobre la detención de personas. Es la probabilidad inversa la que debe usarse, y esa probabilidad es esencialmente cero.

La imagen de las Torres Gemelas en llamas y la cara de Osama bin Laden están grabadas a fuego en nuestras mentes. Si las mezclamos con nuestra confusión sobre las probabilidades condicionales, caemos en prejuicios totalmente escandalosos, que perjudican a personas inocentes.

Sacando el mayor partido de los ejemplos específicos

El razonamiento estadístico es difícil, y hay buenas razones que lo justifican. Rara vez trabajamos con grandes números o interactuamos con toda la población de la que se extraen las muestras. Es difícil imaginar todos los factores aleatorios que subyacen a un rendimiento óptimo o pésimo y que provocan una regresión hacia la media. La noción de probabilidad no se introdujo en la cultura humana hasta la década de 1560. Aunque los tres conceptos estadísticos que he abordado en este capítulo se pueden aprender, no es fácil tenerlos presentes en el razonamiento cotidiano. Llevo décadas enseñando estos conceptos, pero a menudo me sorprendo a mí misma dejándome influir demasiado por las anécdotas. Dado que los ejemplos concretos son tan poderosos, terminemos el capítulo con algunas ideas sobre cómo podemos aprovecharlos al máximo.

Podemos pensar que una vez que aprendemos algo a través de un ejemplo poderoso, deberíamos ser capaces de aplicarlo en nuevas situaciones. Al fin y al cabo, el objetivo del aprendizaje es transferir nuestros conocimientos a los nuevos problemas a los que nos enfrentaremos en el futuro, pero, irónicamente, el aprendizaje a través de ejemplos conlleva una importante salvedad. Para ilustrarlo, comprueba si eres capaz de resolver el siguiente problema:

Imagina que eres médico y que tu paciente tiene un tumor maligno en el estómago. Es imposible operarlo, pero a menos que se destruya el tumor, el paciente morirá. Un cierto tipo de tratamiento con rayos X ofrece alguna esperanza. Si los rayos X se emiten sobre el tumor de forma que incidan sobre él de una sola vez y a una intensidad suficientemente alta, el tumor será destruido. Por desgracia, el tejido sano que los rayos de alta intensidad atraviesen en su camino hacia el tumor también será destruido. A intensidades más bajas, los rayos son inofensivos para el tejido sano, pero no afectarán al tumor. ¿Qué tipo de procedimiento podría utilizar para destruir el tumor y preservar al mismo tiempo el tejido sano?

Si no puedes resolverlo, no te preocupes. Es un problema difícil y no se trata de un test de inteligencia. He aquí una pista. Piensa en un ejemplo que ya he presentado, la historia del general y la fortaleza del dictador que abría este capítulo. La solución debería ser sencilla. Se trata de emitir radiación desde múltiples direcciones para que converja en el tumor.

En un estudio en el que se utilizaron estos dos problemas[34], a estudiantes universitarios de la Universidad de Michigan (es decir, estudiantes muy inteligentes) se les plantearon primero tres historias, una de ellas la de la fortaleza. Para asegurarse de que no estaban hojeando, se les pidió que las resumieran de memoria. Solo cuatro minutos después, se les planteó el problema del tumor anterior y solo el 20 % de los participantes pudo resolverlo. Ocho de cada diez de esos brillantes estudiantes no lograron recordar ni aplicar el ejemplo que habían leído y resumido tan solo unos minutos antes. Es probable que hayas tardado más de cuatro minutos en leer este capítulo; no es de extrañar que no hicieras la conexión.

Ahora bien, si a los participantes se les daba una pista explícita para aplicar una de las historias presentadas anteriormente, casi todos daban con la solución. Esto significa que la dificultad no reside en aplicar una solución conocida a un problema nuevo, sino en recuperarla espontáneamente de la memoria. Esto es una mala noticia, porque significa que cuatro minutos después de que un profesor explique un método a los alumnos, estos no serán capaces de aplicarlo a una situación nueva sin que otra persona se lo recuerde explícitamente.

¿Pero este capítulo no trataba de lo poderosos que son los ejemplos? Si es así, ¿cómo es posible que los alumnos no los recuperen? Esto no tiene nada de contradictorio. Los ejemplos son tan poderosos que es más probable que la gente recuerde detalles irrelevantes de ellos, como el hecho de que había un general y una fortaleza, que el principio abstracto de convergencia que subyace en esa historia concreta.

Una vez identificado este reto, los investigadores probaron varios métodos para ayudar a los alumnos a recuperar espontáneamente los principios subyacentes que aprendieron de los ejemplos. El método que mejor funcionó fue demostrar el mismo principio en varias historias. Por ejemplo, acabas de aprender la solución de convergencia en el contexto de un general que conquista una fortaleza y también en el contexto de un médico que trata un tumor. Si se te planteara un tercer problema que requiriera la solución de convergencia, sería mucho más probable que le transfirieras esos ejemplos.

En otras palabras, si estás contando una historia para demostrar algo, es más probable que lo recuerdes si lo incluyes en varias historias y las cuentas todas. Antes hemos hablado de Jesús. Parece que conocía esta técnica, puesto que para explicar que Dios acoge a las almas perdidas, Jesús contó la parábola en la que el pastor se alegra de haber encontrado una oveja perdida, aunque tenía otras noventa y nueve que no se habían extraviado; luego siguió con otra parábola, en la que una mujer busca por todas partes una moneda de plata perdida y celebra cuando la encuentra, aunque tenía otras nueve monedas. Te habrás dado cuenta de que yo tampoco utilizo un solo ejemplo, sino al menos dos para explicar el mismo concepto. Con un poco de suerte, es más probable que recuerdes espontáneamente la ley de los grandes números la próxima vez que veas a un grupo de niños jugando al fútbol o recibas en tu bandeja de entrada una carta de solicitud de una organización benéfica; la regresión hacia la media cuando veas *Sports Illustrated* en la sección de revistas de una farmacia, o tengas una primera cita o un primer encuentro con alguien demasiado bueno para ser verdad; y la cuestión de que P(A|B) no es lo mismo que P(B|A) puede que te venga a la mente cuando oigas hablar de terrorismo no islamista o te encuentres con un animal que no sea un koala.

5

LOS SESGOS DE NEGATIVIDAD:

Cómo nuestro miedo a perder puede llevarnos por el mal camino

Una vez perdí mucho tiempo buscando una funda nueva para el móvil. La que usaba en ese momento tenía un dibujo de Snoopy; un poco demasiado mono para una profesora. Busqué y busqué en una infinidad de tiendas *online*. ¿Recuerdas la escala maximizador/satisfactor sobre la que escribí en el capítulo 2, la que mide las diferencias en nuestras tendencias a maximizar las búsquedas? Yo obtuve la puntuación más alta posible. Cuando se trata de comprar, no puedo parar de buscar hasta encontrar el artículo perfecto. Finalmente, me topé con una funda que parecía bastante prometedora. Me gustaba cómo se veía en la fotografía y las valoraciones de las reseñas eran buenas, con una media de cuatro de cinco estrellas.

Entonces empecé a leer las opiniones. Las cuatro primeras le daban cinco estrellas: «Me encanta. Gran material y aspecto». «A mi novio le encantó esta funda. Resistente y fácil de sujetar». «Excelente calidad… perfecta en todos los sentidos… ¡¡¡es hermosa!!!». «Aspecto elegante, han pasado 4 semanas, ¡hasta ahora todo bien!»

Luego vi un comentario que tenía una sola estrella: «La funda es muy bonita, pero es muy frágil e incómoda de sostener con una mano. La funda se rompió en una semana». Los cuatro comentarios positivos de cinco estrellas que leí antes no pudieron contrarrestar el daño que hizo este único comentario negativo. Lo que más me molestó fue que el autor informara que se había roto en una semana, a pesar de que las reseñas positivas decían específicamente que la funda era resistente y seguía siendo útil tras cuatro semanas de uso. Así que me quedé con Snoopy un año más.

Ejemplos de los sesgos de negatividad

No hace falta ser una maximizadora *in extremis* como yo para que te afecte en exceso la información negativa. En un estudio, los investigadores comprobaron cómo afectan las reseñas positivas y negativas a las ventas[35] de productos electrónicos, como cámaras, televisores y videojuegos. Los investigadores seleccionaron más de trescientos productos introducidos en Amazon.com entre agosto de 2007 y abril de 2008, recopilaron sus rangos de ventas y los porcentajes de reseñas positivas (las que tenían cuatro o cinco estrellas) y negativas (las que tenían una o dos estrellas) que recibían, y luego examinaron las relaciones entre ellos. Como era de esperar, el porcentaje de reseñas negativas estaba relacionado con el rango de ventas de forma negativa, mientras que el porcentaje de reseñas positivas estaba relacionado con el rango de ventas de forma positiva, pero lo más importante es que los investigadores compararon la magnitud de las influencias. El porcentaje de reseñas negativas tuvo un impacto mucho mayor en el rango de ventas que el porcentaje de reseñas positivas.

Numerosos estudios psicológicos han demostrado que las personas sopesan más la información negativa que la positiva, y no solo cuando se crean juicios sobre los productos, sino también sobre las personas. Supongamos que hay un hombre llamado John al que solo has visto dos veces. La primera vez que lo viste, estaba comiendo con unos amigos en un restaurante. No parecía especialmente simpático ni animado, pero sí razonablemente sociable. La segunda vez, estabas de pie cerca de una mesa colocada al aire libre bajo un cartel que decía «SALVEMOS NUESTROS NEGOCIOS LOCALES». John pasó de largo sin detenerse, ignorando por completo a la mujer que le pedía que firmara la petición. Podrías pensar que el comportamiento positivo y el comportamiento negativo se anularían mutuamente, dejándote una impresión más o menos neutra. Sin embargo, la gente da más importancia al comportamiento negativo[36], así que es probable que tu impresión general de John sea más negativa que neutra.

Los acontecimientos negativos también afectan nuestras vidas más que los positivos[37]. Un solo episodio de trauma infantil, como un abuso sexual, puede tener consecuencias perjudiciales que duran toda la vida, como depresión, problemas de pareja y disfunción sexual. Estos episodios no se compensan fácilmente con otros aspectos positivos de la infancia, aunque haya habido muchos más acontecimientos felices que malos.

El sesgo de negatividad puede afectarnos tan gravemente que puede llevarnos a tomar decisiones manifiestamente irracionales. Por ejemplo, tendemos a evitar una opción planteada en términos de atributos negativos, mientras que aceptaríamos de buen grado esa misma opción si se planteara en términos de sus atributos positivos. Así, la gente prefiere los vuelos puntuales el 88 % de las veces frente a los que llegan tarde el 12 %. Consideran que un preservativo con una eficacia del 95 % es mejor que un preservativo con un porcentaje de fallos del 5 %. Prefieren un aumento del 5 % cuando la inflación es del 12 % a un recorte del 7 % cuando la inflación es cero.

Una de mis investigaciones favoritas en este sentido se refiere a la carne picada. Veinticinco por ciento de grasa suena bastante mal; refleja explícitamente que una cuarta parte de lo que estás viendo es pura grasa. En cambio, un 75 % de carne magra, que significa exactamente lo mismo, suena mucho más sano y mejor. Podríamos pensar que no caeríamos en la trampa si alguien, como estratagema de *marketing*, intentara hacernos creer que hay una diferencia, pero no es así. En un estudio, los investigadores cocinaron carne picada[38] y pidieron a los participantes que la probaran. Los investigadores no indicaron si la carne estaba bien hecha o en su punto, ni si habían añadido sal y pimienta, pero sí revelaron algo esencial: la misma carne picada se cocinó igual para todos. La única diferencia radicaba en la etiqueta: a la mitad de los participantes se les dijo que era «75 % magra» y a la otra mitad que tenía «25 % de grasa». Eso marcó la diferencia. Las personas que probaron la carne picada «75 % magra» calificaron sus hamburguesas como menos grasientas, más magras y de mejor calidad y sabor que las personas que habían comido carne picada que tenía «25 % de grasa».

¿Qué calificaciones son mejores, sacar sobresalientes y aprobados o todo notable?

Empecé a interesarme por el sesgo de negatividad en el ámbito de los procesos de admisión universitaria[39] y acabé realizando una investigación al respecto. Comencé la investigación más o menos cuando mi hijo mayor empezó a pensar en solicitar plaza en la universidad. Compré y leí tres libros sobre admisiones universitarias, ya que no conocía el lado del proceso de los solicitantes, al haber asistido a la universidad en Corea. Además de explicar los aspectos técnicos de las admisiones, cada uno de estos libros subrayaba la importancia de que los estudiantes mostraran pasión y entusiasmo en un área específica. Uno de ellos lo llamaba «gancho».

También he observado un interés similar mientras estaba sentada al otro lado del proceso. En Yale, las reuniones del comité de admisiones están dirigidas por funcionarios de admisiones profesionales muy competentes, pero invitan a uno o dos profesores a participar en cada reunión. Con los años, he participado en algunas de esas reuniones después de asistir a una sesión de formación. Allí fue donde vi la declaración formal de la política de admisiones de Yale, creada por Kingman Brewster, antiguo presidente de Yale. Esta política se redactó en 1967 y sigue vigente. En ella se afirma: «Queremos que el mayor número posible [de nuestros graduados] destaquen en todo lo que emprendan. Puede ser en el arte y la ciencia de dirigir los negocios o la vida pública del país, o puede ser en el esfuerzo por mejorar la calidad de vida de la nación mediante el ejercicio de una de las profesiones... Es probable que el candidato sea un líder en lo que acabe haciendo». En otras palabras, los candidatos de éxito no tienen que ser perfectos en todo (y pueden hacer lo que quieran), pero deben destacar en un campo. De hecho, tal y como señalan las guías de admisión a la universidad, esta filosofía no se limita únicamente a Yale. Un artículo del *Washington Post* lo resume muy bien: «Las universidades quieren a una persona que se dedique a algo (y destaque en ello). La palabra que más usan es pasión». Un artículo de *U.S. News & World Report* también mencionaba la pasión como la principal forma de reforzar las posibilidades de entrar en la universidad.

Sin embargo, se me ocurrió que este énfasis en la pasión parece contradecir el sólido fenómeno de la psicología que acabo de comentar: que la gente se deja influir más por la información negativa que por la positiva. Ilustremos la discrepancia con un ejemplo simplificado: digamos que hay dos estudiantes de último curso en el mismo instituto, Carl y Bob. Carl saca sobresalientes en algunas asignaturas, pero también aprobados en otras. Este patrón sugiere que Carl es más apasionado y entusiasta en algunas asignaturas que en otras. Por otro lado, Bob ha obtenido notas más uniformes, con notable, notable alto o notable bajo en todas las asignaturas, es decir, no ha sacado ningún aprobado, pero tampoco ningún sobresaliente. Supongamos que las notas de estos dos estudiantes son las mismas. Si eres el responsable de admisiones de una universidad y sus expedientes académicos son toda la información de la que dispones, ¿a qué estudiante preferirías?

Si la pasión es la característica esencial, el responsable de admisiones debería favorecer a Carl. Sin embargo, la gente tiende a sopesar más la información negativa que la positiva. Si este sesgo de negatividad predominara en la decisión, entonces el sobresaliente que Carl obtuviera, por ejemplo, en química, podría no compensar el daño causado por el aprobado que obtuviera, por ejemplo, en inglés, y el funcionario preferiría a Bob. Para averiguar el poder del sesgo de negatividad en una situación en la que había criterios que deberían haberlo contrarrestado, decidí realizar un experimento.

En primer lugar, creamos transcripciones para estudiantes como Carl y Bob. Para evitar cualquier sesgo de curso, creamos varias, de forma que los sobresalientes y los notables estuvieran asociados a cursos diferentes. A continuación, seleccionamos a los participantes, que debían elegir a qué estudiante admitir. Algunos fueron seleccionados a través de una plataforma en línea; otros eran estudiantes universitarios que, por supuesto, habían pasado recientemente por el proceso de solicitud de admisión. Por último, seleccionamos a responsables de admisiones de varias facultades y universidades de Estados Unidos. Cuando les pedimos que eligieran entre un estudiante con notas variables y otro con notas homogéneas, la mayoría de los participantes se decantó por este último, el que no tenía aprobados, pero tampoco sobresalientes. En concreto, casi el 80 % de los responsables de admisiones prefirieron al estudiante con notas más homogéneas.

Los participantes también juzgaron que el estudiante con notas homogéneas tenía más probabilidades de tener un promedio más alto en la universidad, y ser más trabajador, responsable y disciplinado que el estudiante con una mezcla de sobresalientes y aprobados. Además, predijeron que el estudiante con notas homogéneas tendría más probabilidades que el estudiante con notas mixtas de convertirse en propietario de una empresa mediana o grande, de hacer carrera en la dirección ejecutiva o de ser funcionario del gobierno, abogado, médico o ingeniero. También se predijo que los estudiantes con calificaciones homogéneas obtendrían unos ingresos anuales superiores a los de los estudiantes con calificaciones heterogéneas. Todo ello a pesar de que sus notas académicas eran iguales y de que las escuelas preferían la pasión.

Probamos otras variaciones de los expedientes académicos para asegurarnos de que el efecto se podía repetir. Las universidades más competitivas, que exigen notas mucho más altas que las que utilizamos en el primer estudio, destacan sobre todo la pasión y el entusiasmo como criterios de admisión. Así que repetimos el experimento, pero esta vez solo con los responsables de admisiones de las universidades más competitivas, y a los que todos los lectores reconocerían como tales. Además, ambos hipotéticos estudiantes tenían notas espectacularmente altas, con una media general de 9,3 sobre 10. En esta ocasión, el estudiante con notas homogéneas tenía todas las calificaciones de 10 excepto un 9,5 y un 9. Es decir, no había tantas matrículas, pero la nota más baja que obtuvo este alumno fue un 9. El alumno con calificaciones más heterogéneas tenía muchos más sobresalientes, *ocho*. Pero, por desgracia, ese estudiante también recibió tres notables altos. Aun así, los promedios de ambos alumnos eran idénticos. No obstante, prevaleció el sesgo negativo. Los responsables de admisiones prefirieron al alumno A, que no había sacado ningún notable, a aquel que sí lo había hecho, aunque este último hubiera sacado ocho sobresalientes.

Antes de continuar, debo hacer una advertencia. Los estudiantes deben esforzarse más en sus asignaturas favoritas y dedicarse a lo que les apasiona y los estudiantes con notas desiguales no deben desanimarse: muchos de ellos conseguirán ser admitidos en una de sus universidades favoritas. Ten en cuenta que las universidades examinan mucha más información que las notas medias, especialmente las cartas de recomendación, las actividades extracurriculares y las redacciones.

La aversión a la pérdida

Dado que el sesgo de negatividad afecta a tantos tipos de juicios, no debería sorprender a nadie que también nos afecte cuando tomamos decisiones relacionadas con el dinero. Sin embargo, las formas concretas en que opera este sesgo pueden resultar inciertas.

En la década de 1970, un campo llamado economía conductual empezó a recibir mucha atención. La economía conductual puede considerarse como la intersección de la psicología y la economía; su principal objetivo es investigar cómo los juicios y las elecciones humanas operan en contra de los principios racionales desarrollados en economía.

La economía conductual ha puesto de manifiesto numerosos sesgos cognitivos y trampas del pensamiento, desafiando la premisa fundamental de la economía de que el comportamiento de las personas se basa en elecciones lógicas. (Es posible que los lectores hayan visto artículos y publicaciones en Internet con títulos como «61 sesgos cognitivos que arruinan todo lo que hacemos» o «Apuntes sobre sesgos cognitivos: Porque pensar es difícil»).

En 1979, Daniel Kahneman y Amos Tversky publicaron uno de los artículos académicos más importantes de la economía conductual, titulado «Teoría prospectiva: un análisis de la decisión bajo riesgo»[40]. Para cuantificar el impacto de un artículo, un índice utilizado con frecuencia en el mundo académico es el número de veces que el artículo ha sido citado en otros artículos publicados. Según un índice de citas que llega hasta el año 2021, este artículo ha sido citado más de setenta mil veces. Para entender lo astronómicamente alto que es, compáralo con el artículo de Stephen Hawking de 1973 sobre los agujeros negros, que ha sido citado, aproximadamente, una quinta parte de esas veces.

Una de las ideas revolucionarias que presentaron Tversky y Kahneman es la idea de que tratamos los mismos valores monetarios de forma diferente dependiendo de si son ganancias o pérdidas, lo que da lugar a lo que se conoce como aversión a la pérdida. Muchos lectores habrán oído hablar de este término, pero yo veo numerosos usos erróneos del mismo en la prensa popular, que suele interpretarlo en el sentido de que la gente prefiere las ganancias a las pérdidas. Kahneman no recibió el Premio Nobel por una observación tan obvia. Otro malentendido es confundir la aversión a la pérdida con la aversión al riesgo, que significa que a la gente no le gusta asumir riesgos (que es cierto pero diferente, tal como explicaré en el capítulo 8). Así que asegurémonos de que entendemos qué es la aversión a la pérdida.

Los economistas tradicionales dirían que el valor de 100 dólares sigue siendo el mismo tanto si se ganan como si se pierden. Parece algo perfectamente racional, ya que son exactamente la misma cantidad de dinero. Así, si encuentras un billete de 100 dólares en una secadora mientras lavas la ropa, y eso te hace feliz en, digamos, 37 unidades en alguna hipotética escala de estado de ánimo positivo-negativo, entonces perder un billete de 100 dólares porque se te ha caído del bolsillo debería hacerte menos feliz en 37 unidades. Sin embargo, Kahneman y Tversky afirman que nos sentimos diferentes cuando ganamos 100 dólares y cuando los perdemos. He aquí un ejemplo para ilustrarlo.

Supongamos que te propongo jugar a un juego sencillo. Lanzo una moneda y, si sale cara, te doy 100 dólares, pero si sale cruz, me das 100 dólares. ¿Jugarías a este juego? Casi todo el mundo dice que no.

Ahora vamos a hacer este juego un poco más atractivo. Si sale cruz, me das 100 dólares, pero esta vez si sale cara, te doy 130 dólares. Para ser un poco rebuscados, podemos calcular lo que se conoce como el valor esperado de esta apuesta. La probabilidad de perder 100 dólares es del 50 % y la probabilidad de ganar 130 también es del 50 %, por lo que el valor esperado es $0,5 \times (-100\,\$) + 0,5 \times 130\,\$$, o lo que es lo mismo, 15 dólares. Es decir, si juegas a esta apuesta una y otra vez, a veces ganarás y a veces perderás, y el pago medio que puedes esperar al final es de 15 dólares. Eso es más que nada, así que una persona racional que piense como un matemático, un estadístico o un economista debería elegir jugar (suponiendo que quiera ganar dinero), pero, de nuevo, solo unas pocas personas están dispuestas a jugar a un juego con estas reglas. Yo desde luego no lo haría. Sin duda, me vendrían bien 130 dólares, pero si al final tengo que renunciar a 100 dólares en efectivo solo por lo que haya salido al lanzar una moneda al aire, eso sería profundamente trágico, mucho más que recibir una multa de aparcamiento porque el parquímetro ha caducado hace cinco minutos. Así que dejaría pasar esa oportunidad, como hizo la mayoría de la gente, aunque valga 15 dólares.

La mayoría de la gente no juega hasta que la relación ganancia/pérdida es de al menos 2,5 a 1 (es decir, ganas 250 dólares si sale cara y pierdes 100 dólares si sale cruz). Esto es la aversión a la pérdida. La pérdida es mucho mayor que la ganancia. La gente valora mucho más el impacto de la negatividad que el de la positividad.

Para trasladar esto a las decisiones de inversión de la vida real, supongamos que Alex tiene la oportunidad de invertir 10.000 dólares. Digamos también que solo hay dos resultados posibles. Existe un 50 % de posibilidades de que su inversión inicial aumente a 30.000 dólares en un año, y que acabe ganando 20.000 dólares en un año, pero también existe un 50 % de posibilidades de que Alex no vuelva a ver esos 10.000 dólares. Parece catastrófico. En consecuencia, Alex rechaza esta oportunidad cuando el valor esperado es significativamente positivo, es decir, $0,5 \times 20.000\,\$ + 0,5 \times (-10.000\,\$) = 5000$ dólares de ganancia.

Calculando valores esperados como este puede parecer fácil evitar los efectos negativos de la aversión a la pérdida cuando hay que tomar una decisión. Sin embargo, como veremos a continuación, la aversión a la pérdida puede manifestarse de formas menos tangibles.

Supongamos que por fin decides deshacerte de tu viejo coche y comprar uno nuevo. Te pasas un mes investigando, eliges una marca y un modelo y visitas un concesionario. Tu marido y tú habéis acordado que el color exterior que queréis es «celeste plateado metalizado» y los asientos de cuero «ceniza». Crees que ya está todo listo. Pero entonces el vendedor empieza a preguntarte por todo tipo de opciones, como retrovisores con atenuación automática, alerta de ángulo muerto, «asistente de dirección evasiva», etcétera. Te dice que el modelo base cuesta 25.000 dólares, pero que puedes añadir la opción X por 1500 dólares, la opción Y por 500 dólares, etcétera. Cada vez que presenta una función, explica cómo mejorará tu vida y la hará más segura, es decir, qué ganarás.

En otro concesionario, una vendedora más avispada hace lo contrario. Empieza con un modelo muy completo por 30.000 dólares. Luego, te dice que si renuncias a la función X, que podría salvarte la vida, el precio sería de 28.500 dólares, y si también pierdes la función Y, que podría facilitarte mucho el aparcamiento en paralelo, el precio sería de 28.000 dólares. Esta vendedora plantea tus opciones en términos de las características que perderías. Y eso activa tu botón de aversión a la pérdida.

¿Funciona? En un estudio realizado en los años noventa, se pidió a los participantes que imaginaran una de las dos situaciones[41] que acabo de describir. Aquellos que empezaron con un modelo básico de 12.000 dólares (los precios eran mucho más bajos entonces) y se les pidió que añadieran características (cuadrando la elección en términos de lo que se puede ganar, o el marco de la ganancia) gastaron 13.651,43 dólares de media. En cambio, los participantes que partían de un modelo totalmente equipado de 15.000 dólares y a los que se preguntó qué características estaban dispuestos a perder, acabaron gastando 14.470,63 dólares de media, unos 800 dólares más que los que recibieron el marco de ganancia. Si lo convertimos al precio actual de un coche de, digamos, 25.000 dólares, sería como gastar 1700 dólares más solo porque el precio se presentó en el marco de pérdida.

La mayoría de los estudios que he citado se llevaron a cabo en laboratorios, y las decisiones o juicios se referían a situaciones imaginarias, por lo que los economistas escépticos que defienden el modelo racional del comportamiento humano podrían descartarlos por no ser reproducibles en circunstancias cotidianas, donde lo que está en juego es real. Curiosamente, algunos de los investigadores que plantearon esta cuestión llevaron a cabo lo que denominaron «experimentos de campo»[42] en el entorno real de las escuelas urbanas K-8 de Chicago Heights, una ciudad a cincuenta kilómetros al sur de Chicago. No se trataba de escenarios hipotéticos con dinero hipotético, sino de dinero real, concretamente de los salarios de los profesores.

Es posible que hayas oído hablar de los programas de incentivos para profesores, en los que estos reciben una remuneración por méritos si sus alumnos obtienen buenos resultados en los exámenes estandarizados. Un método típico consiste en dar a los profesores una bonificación a final de curso, después de que los alumnos hayan hecho los exámenes. En el estudio realizado en Chicago Heights, algunos profesores fueron seleccionados al azar para estar en la condición de «ganancia», en la que se adoptó este método tradicional; recibían una bonificación a final de año en función de la mejora de sus alumnos. Según el coeficiente de recompensa que preestablecieron los investigadores, su valor esperado era de 4000 dólares.

Otro grupo de profesores seleccionados al azar recibió 4000 dólares al principio del año. Este grupo estaba en la condición de «pérdida», porque si el rendimiento de sus alumnos al final del año era inferior a la media, tendrían que devolver la diferencia entre 4000 dólares y la bonificación a la que realmente tenían derecho.

Los investigadores se aseguraron de que los profesores implicados recibieran los mismos pagos netos para un nivel determinado de rendimiento de los alumnos, independientemente de que estuvieran en la condición de ganancia o de pérdida. Lo que los investigadores pretendían medir era si la diferencia en el momento de recibir la bonificación afectaría a lo motivados que se sentirían los profesores, y si eso provocaría una diferencia en el rendimiento de los alumnos. Es decir, ¿mejoraría la nota media de los alumnos respecto al año anterior con un profesor que intentaba ganar una bonificación o con un profesor que no quería perderla? ¿Sucedería en ambos casos? ¿En ninguno?

En la condición de ganancia, el programa de incentivos no tuvo prácticamente ningún efecto. No era la primera vez que un programa de incentivos de este tipo fracasaba; el mismo resultado se observó en un estudio realizado en la ciudad de Nueva York. Una bonificación de fin de curso (al menos por la cantidad utilizada en ese estudio) sencillamente no fue suficiente para motivar a los profesores.

En cambio, las puntuaciones de los alumnos cuyos profesores estaban en la condición de pérdida mejoraron hasta en diez percentiles. Parece que no querer renunciar al dinero era una motivación muy poderosa para los profesores, pero, por supuesto, ¡la única diferencia era el momento del pago!

Aunque los resultados son impresionantes, tendremos que esperar para ver si este estudio provoca algún cambio en la política pública, o si incluso debería hacerlo, ya que es posible que los profesores en la situación de pérdida estuvieran motivados simplemente para «enseñar los exámenes» o para jugar con el sistema. Sin embargo, a menor escala, podemos pensar en formas de utilizar la misma técnica para motivar a otros o incluso a nosotros mismos.

Un verano le ofrecí dinero a mi hijo para que pintara nuestra terraza. Era una gran suma para un estudiante de bachillerato que acababa de graduarse, y aceptó de buen grado. Pasó el verano y la única tarea que había realizado era encargar por correo brochas, rodillos, cubetas de rodillo y una limpiadora a presión. Mientras pintaba la terraza yo misma un caluroso día de finales de verano, después de que me quedara claro que no iba a hacerlo antes de irse a la universidad, me pregunté por qué no le pagué en efectivo por adelantado y le dije que tendría que devolverme el dinero si la terraza se quedaba sin pintar.

Quizá no lo hice así porque me parece de mala educación e incluso cruel quitarle el dinero a alguien después de habérselo dado. No me imagino pagando una propina por adelantado a mi peluquero y exigiéndole que me devuelva el dinero si no estoy contenta con el corte, y piensa en el estrés que debieron sentir los profesores en situación de «pérdida» de las escuelas públicas de Chicago Heights cada vez que sus alumnos no conseguían buenos resultados en un examen. Debían de sentirse como si estuvieran bajo la amenaza constante de perder dinero; los maestros de escuela no ganan mucho, así que es de suponer que el dinero extra que obtuvieron lo habían utilizado para pagar facturas o comprar cosas que realmente necesitaban. Pero precisamente en eso consiste la ironía: estamos hablando de los mismos 4000 dólares, pero nos sentimos más amenazados si podemos perder lo ganado que si nunca lo hubiéramos tenido en primer lugar.

El efecto dotación

La aversión a la pérdida también puede ayudar a explicar por qué los compradores y los vendedores rara vez se ponen de acuerdo sobre el valor de un artículo al negociar el precio. Supongamos que Annie está buscando una bicicleta estática de segunda mano y ha encontrado una de tres años que se compró originalmente por 300 dólares. Annie cree que vale 100 dólares; aunque parece nueva, al fin y al cabo es un modelo de hace tres años. La propietaria de la bicicleta, Jenny, cree que vale 200 dólares porque apenas la ha usado. Se trata de un escenario muy familiar para cualquier transacción de objetos usados: el propietario piensa que tiene más valor que el comprador. En economía conductual, este fenómeno se conoce como el efecto dotación.

El desajuste de precios puede producirse simplemente porque el vendedor quiere ganar tanto dinero como sea posible y el comprador quiere pagar lo menos posible. Además de que el propietario también puede tener un apego sentimental al artículo, pero más allá de estos factores, el efecto de dotación se produce por el mero hecho de ser propietario y por el instinto que todos tenemos de evitar perder algo que es nuestro, por poco tiempo que lo hayamos tenido; más concretamente, debido a la aversión a la pérdida. El efecto de dotación surge instantáneamente, incluso antes de que pueda formarse ningún apego sentimental, tal y como demuestra el siguiente ingenioso estudio.

En este experimento, se dio a elegir a estudiantes universitarios entre una taza[43] con el logotipo de la universidad a la que asistían y una tableta de chocolate suizo. Aproximadamente la mitad de los estudiantes eligieron la taza y la otra mitad la chocolatina. Se trataba solo de una condición de partida para determinar qué porcentaje de estos estudiantes universitarios podría preferir una cosa a la otra.

A continuación, se presentó a otro grupo de alumnos del mismo centro la misma elección, la taza frente a la tableta de chocolate, pero esta vez, el procedimiento se modificó de una forma aparentemente trivial. Primero se ofreció a los alumnos una taza y se les dijo que podían quedársela. Luego se les preguntó si querían cambiar la taza por la chocolatina suiza. En esencia, esto es lo mismo que preguntarles si quieren la taza o el chocolate. Así pues, aproximadamente la mitad de ellos debería cambiarla, teniendo en cuenta los resultados de la condición inicial, pero solo el 11 % decidió cambiar la taza por el chocolate suizo.

Para asegurarse de que no hay nada especial en empezar con una taza, los estudiantes del tercer grupo recibieron primero una tableta de chocolate y se les preguntó si querían cambiarla por una taza. Sucedió lo mismo, aunque aproximadamente la mitad debería haber cambiado el chocolate por la taza, solo el 10 % estaba dispuesto a hacerlo; el 90 % prefirió quedarse con el chocolate.

Lo que resulta especialmente llamativo es que los alumnos que recibieron la taza o la tableta de chocolate no tuvieron tiempo de vincularse emocionalmente a ella, así como tampoco intentaban sacar provecho de ello; estaba claro que las tazas y las tabletas de chocolate tenían un valor de reventa modesto, si es que tenían alguno. En cualquier caso, una vez que tenían la taza, cambiarla significaba perderla y lo mismo ocurría con la tableta de chocolate. La gente odia perder lo que posee, aunque solo haga muy poco tiempo que les pertenece.

Resulta curioso que un estudio demostrara que el dolor de las pérdidas es literalmente físico[44]. Los participantes tomaron 1000 miligramos de paracetamol o de un placebo y, a continuación, rellenaron una encuesta no relacionada durante treinta minutos, tiempo suficiente para que el paracetamol empezara a hacer efecto en quienes lo tomaron. Seguidamente, a la mitad de los participantes se les dio una taza y se les dijo que podían quedársela (condición de dotación), y a la otra mitad se les presentó una taza que se describía como propiedad del laboratorio (condición de no dotación). Por último, se pidió a todos los participantes, independientemente de las condiciones o de si habían tomado paracetamol o no, que indicaran el precio que le pondrían a la taza en caso de venderla. Los que tomaron placebo mostraron el efecto de dotación; su precio de venta fue significativamente mayor en la condición de dotación que en la de no dotación, pero los que tomaron el paracetamol no lo hicieron; su precio de venta no fue estadísticamente diferente tanto si estaban dotados de la taza como si no. Sería divertido que Tylenol añadiera esta advertencia a su lista de efectos secundarios: «El paracetamol puede hacer que ignore las pérdidas y venda sus posesiones a un precio inferior al habitual». O, si la FDA lo permite, podrían empezar a anunciar: «¿No puedes deshacerte de una pareja que no se compromete? Estamos para ayudarte», o «¿Quieres vender tu casa rápido? Toma Tylenol».

El porqué del sesgo de negatividad

Como ocurre con muchos sesgos cognitivos, el sesgo negativo está con nosotros porque fue y sigue siendo útil. Algunos científicos han argumentado que este sesgo pudo ser especialmente necesario al principio de la historia de la humanidad porque nuestros antepasados vivían muy cerca de los márgenes de la supervivencia, donde perder algo significaba morir, por lo que tenían que dar prioridad a la prevención de posibles pérdidas. Cuando uno no puede permitirse perder nada, las ganancias adicionales son una especie de lujo. Para hacer una analogía moderna, es como conducir un coche por una autopista cuando la flecha indicadora del depósito de gasolina apunta a «R», la luz roja brillante de aviso de «en reserva» lleva encendida quince minutos y sabes que la siguiente salida está a quince kilómetros. Si te encuentras en esa situación, no te importa apagar el aire acondicionado, aunque haga un calor abrasador, porque no puedes permitirte desperdiciar ni una gota de gasolina.

Ahora vivimos en entornos más prósperos en los que la mayoría de nosotros no tenemos que tratar cada pérdida como una amenaza directa a nuestra existencia. Sin embargo, el sesgo de negatividad sigue desempeñando un papel muy útil, porque llama nuestra atención sobre las cosas que hay que arreglar. No necesitamos prestar atención constantemente a lo que va bien. Por ejemplo, no solemos ser conscientes de nuestra respiración o de cómo caminamos; damos por sentadas estas actividades mientras funcionen. Y eso es bueno, porque no deberíamos malgastar energía pensando demasiado en cosas que podemos hacer sin dificultad ni dolor. Sin embargo, cuando nuestra respiración se entrecorta o nos cuesta caminar, es hora de actuar. La amenaza de perder nuestra capacidad para respirar o caminar es un poderoso motivador. Del mismo modo, cuando estamos a punto de perder la posesión de algo, nuestra atención debe dirigirse a ello. Una nota de aprobado o suspenso no es solo una nota; es una señal para un estudiante de que tiene que prestar más atención a su trabajo escolar. Una forma innata del sesgo de negatividad se manifiesta en los padres, que están predispuestos a responder a las señales negativas de sus bebés, como el llanto o un color u olor inusual en sus deposiciones. Lo que no deja dormir a los padres no son las sonrisas bonitas o la piel suave de los bebés, sino sus llantos y vómitos. Es un sesgo de negatividad biológicamente incorporado hacia nuestra descendencia.

Los costes del sesgo de negatividad y lo que podemos hacer

Aunque los sesgos de negatividad sirvieron para algo a los humanos y pueden seguir sirviendo en algunas situaciones, también pueden ser perjudiciales cuando se vuelven extremos. Por ejemplo, si la sensibilidad de los padres hacia los problemas de sus hijos se extiende más allá de su primera infancia, es una receta para el drama adolescente. *¿Has terminado los deberes? ¿Qué te ha* *pasado en la cara? ¿Por qué no haces más ejercicio?* Y como estos prejuicios pueden ser innatos, el mero hecho de ser conscientes de ellos no siempre puede ayudarnos a evitar caer presa de sus encarnaciones más dañinas. Aun así, no estamos totalmente indefensos. Hay formas de contrarrestar el sesgo de negatividad. He aquí dos posibles estrategias, una en el contexto de tomar decisiones equivocadas debido a la aversión a la pérdida, y la otra en el contexto del efecto dotación.

El coste más obvio del sesgo de negatividad es que puede llevarnos a tomar decisiones equivocadas. Podríamos no comprar un libro que podría habernos cambiado la vida, simplemente porque dejamos que unas cuantas reseñas negativas anulen las docenas de elogios. O podemos dejar pasar una oportunidad de inversión que es una gran apuesta basada en el valor esperado porque estamos demasiado preocupados por la posibilidad de perder algo de dinero.

Un método que puede resultar eficaz en casos así es aprovechar otro sesgo cognitivo conocido como el efecto de encuadre. Nuestras preferencias y elecciones se basan en cómo se enmarcan las opciones, más que en las opciones en sí. Ya he descrito algunos ejemplos del efecto de encuadre anteriormente en este capítulo. Uno era que podemos coger vuelos que llegan a tiempo el 88 % de las veces, pero evitar los vuelos que se retrasan el 12 %; otro era la vendedora que presentaba el precio total del coche y le restaba características, en contraposición al vendedor de menos éxito que empezaba con el precio básico e intentaba añadirle algo.

El efecto de encuadre es tan poderoso que puede ser literalmente una cuestión de vida o muerte[45]. Cuando a un grupo de pacientes con cáncer de pulmón se les dijo que tenían un 90 % de posibilidades de sobrevivir si se sometían a una operación, más del 80 % optó por la operación. Pero cuando se les dijo que tenían un 10 % de posibilidades de morir tras la cirugía, solo la mitad optaba por la intervención. Queda de manifiesto que a los pacientes hay que presentarles ambos marcos para que sus decisiones no se vean influidas ni por el sesgo de negatividad ni por el de positividad.

Si llevamos este efecto de encuadre un paso más allá, también podemos intentar reformular las preguntas que nos hacemos[46]. He aquí un estudio que lo ilustra. Los participantes leyeron sobre una hipotética batalla por la custodia entre el progenitor A y el progenitor B, que se encontraban en medio de un complicado divorcio. Los participantes aprendieron los tipos de detalles sobre los padres que son relevantes a la hora de tomar decisiones sobre la custodia, tal y como se muestra en la siguiente tabla. El progenitor A está en la media en todas estas dimensiones, no es bueno pero tampoco malo. En cambio, el progenitor B es más heterogéneo, con algunas características positivas, como «ingresos superiores a la media», y también algunas negativas, como «muchos viajes de trabajo».

PROGENITOR A	PROGENITOR B
Ingresos medios	Ingresos superiores a la media
Relación razonable con su hijo	Relación muy estrecha con su hijo
Vida social estable	Vida social muy activa
Horas de trabajo medias	Muchos viajes de trabajo
Buen estado de salud	Problemas de salud leves

A un grupo de participantes se le preguntó a qué progenitor le *negarían* la custodia. La mayoría eligió al progenitor B. Tiene sentido. Después de todo, el progenitor B tiene muchos viajes de trabajo y algunos problemas de salud, aunque leves. Seguramente también pensaran que una vida social muy activa tampoco puede ser buena para un niño.

Al otro grupo de participantes se le planteó la misma pregunta, pero formulada de forma opuesta: ¿a qué progenitor le *concederían* la custodia? La mayoría de los participantes de este grupo eligió al progenitor B. Esto también tiene sentido, dado que el progenitor B tiene una relación muy estrecha con el niño y unos ingresos superiores a la media. Pero significa que, en los dos grupos, el progenitor B fue juzgado tanto mejor como peor que el progenitor A.

Al buscar razones para denegar la custodia, la gente se centra en las características negativas y descuida las positivas. Al buscar razones para conceder la custodia, se centran en las características positivas y descuidan las negativas. (Si esto te recuerda a un estudio sobre el sesgo de confirmación tratado en el capítulo 2 sobre el efecto de «¿Soy feliz?» frente a «¿Soy infeliz?», debería, porque funciona exactamente con el mismo mecanismo). Por lo tanto, cuando sientas que te molestan demasiado los rasgos negativos, puede que encuentres un equilibrio más neutral si planteas la pregunta de forma positiva: no solo qué opción rechazarías, sino cuál elegirías.

Veamos ahora cómo podemos evitar el efecto dotación. El efecto dotación puede llevarnos a tomar decisiones equivocadas cuando la mera posesión nos hace dar a algo más valor del que realmente tiene. Un ejemplo es cuando caemos en las tácticas de *marketing* que lo explotan. Las suscripciones de prueba gratuitas son una de las más comunes. Sabemos que son gratuitas durante treinta días y anotamos la fecha de finalización en el calendario para acordarnos de cancelar la suscripción, por lo que nos parece benigno, pero el efecto de dotación hace que el plan resulte mucho más atractivo una vez que lo poseemos; de repente sentimos que no podemos prescindir de algo que en realidad ni siquiera queríamos.

Mi familia se hizo miembro de Disney+ solo para ver la versión cinematográfica del espectáculo de Broadway *Hamilton*. Aunque no era una prueba gratuita, la suscripción mensual costaba solo 6,99 dólares, y el espectáculo merecía totalmente la pena. Además, cancelar la suscripción sería pan comido. O eso pensaba yo. Las razones para mantener la suscripción empezaron a surgir después de ver *Hamilton* tres veces. Quién sabe, quizá nos apetezca volver a ver la saga de *Star Wars* o quizá *Frozen*… y es más barato que el precio de un bollo y un café con leche venti en Starbucks.

Otro ejemplo de táctica de ventas relacionada con el efecto de encuadre es la política de «devolución gratuita», ya que, como sabemos que podremos recuperar nuestro dinero si no nos gusta el artículo, estamos más dispuestos a arriesgarnos y pedirlo. Una vez que llega y, sobre todo, después de probarlo, de repente tener que volver a empaquetarlo y llevarlo a la oficina de correos parece una tarea sobrecogedora. Incluso si no nos gusta, decimos «Bueno, no me disgusta del todo, ya encontraré una ocasión en la que pueda utilizarlo». Esto es demasiado para esa devolución sin riesgos.

Lo que nos lleva a nuestros armarios. El efecto de encuadre y la aversión a la pérdida son las principales razones por las que algunos de nuestros armarios están tan desordenados. Separarse de prendas que no nos hemos puesto desde hace más de tres años puede ser tan doloroso como separarse de un viejo amigo. Puede que incluso recordemos lo que nos costaron algunos de esos tesoros o, lo que es peor, quién nos los regaló. Nunca nos quedamos sin excusas con tal de guardarlos. Mi marido tiene seis pares de pantalones harapientos y tres pares de zapatos viejos únicamente destinados a la jardinería, actividad para la que casi no encuentra tiempo que dedicarle más que un par de semanas al año. Yo misma me mantengo fiel a una chaqueta con hombreras de Armani que me compré con un 85 % de descuento en un perchero con artículos en liquidación en los años noventa y a un par de faldas lápiz de mi etapa S.N. (Sin Niños).

Luego leí *La magia del orden*, el libro número uno en ventas del *New York Times* escrito por Marie Kondo. Se trata de una organizadora profesional, no de una psicóloga, pero nadie entiende la aversión a la pérdida mejor que ella. Para superar este miedo, lo primero que nos dice que hagamos es sacar toda la ropa del armario, de los percheros, de los cajones y todos los zapatos de la zapatera, y que lo pongamos todo en el suelo, porque simplemente con el hecho de tirar todo al suelo, ya dejan de pertenecernos. Ya no existe el efecto de encuadre ni tenemos nada que perder. El resultado es que adoptamos una nueva perspectiva al decidir con qué nos quedamos, es decir, cambiamos el enfoque de pérdida por un enfoque de ganancia. Ahora podemos evaluar cada artículo por su propio valor en vez de por el miedo a perderlo. Cuando apliqué el método de Marie Kondo en mi armario, fingí que estaba comprando cada artículo de la enorme pila de ropa y las decisiones fluyeron rápidamente. Nunca me compraría una falda de una talla más pequeña, ni una chaqueta con hombreras, aunque sea probable que ese estilo vuelva a ponerse de moda en unos diez años.

¿Y qué pasa con las suscripciones de prueba y las devoluciones gratuitas? Tras haber visto *Hamilton* tres veces, me pregunté si teniendo que iniciar una nueva suscripción, me suscribiría a Disney+ y, además, fingí que el vestido que me acababa de comprar en línea era algo que necesitaba pedirme, aunque ahora sé que lo que parece rosa chicle en la pantalla de mi ordenador, en realidad es fucsia. Finalmente cancelé la suscripción y devolví el vestido.

6

LAS INTERPRETACIONES SESGADAS:

Por qué nos cuesta ver las cosas como realmente son

En 1999, estaba embarazada de mi hija y me estaba preparando de manera muy meticulosa para su nacimiento. La fecha límite era a principios de junio y, en mayo, ya tenía listo todo lo necesario: una silla para el coche, dos carritos, ocho mantitas, quince biberones, diez cajas de pañales, diez bodis. Estaba empezando a ocuparme de conseguir cosas que consideraba menos urgentes, como libros del estilo *Buenas noches, Luna* y *La pequeña oruga glotona* (creo en la educación temprana) y una luz nocturna, cuando me encontré con un estudio de la revista *Nature* que me hizo reconsiderar lo de comprar la luz nocturna.

Según esta investigación, los bebés que duermen con una luz encendida[47] en su habitación tienen cinco veces más posibilidades de desarrollar miopía que aquellos que duermen en total oscuridad. Dio bastante que hablar en los medios de comunicación. En palabras de la CNN[48], «Incluso los bajos niveles de luz pueden penetrar los párpados durante la noche, lo que hace que los ojos sigan trabajando cuando deberían estar descansando. Tomar precauciones durante la infancia, cuando los ojos todavía se están desarrollando a un ritmo acelerado, puede evitar la aparición de problemas de visión a lo largo de la vida». Por supuesto, taché las luces nocturnas de mi interminable lista de artículos para el bebé.

Un año más tarde, publicaron otro artículo en la revista *Nature* que desmentía la investigación anterior[49]. Resultó que la correlación entre las luces nocturnas y la miopía se debía a la vista de los padres. Los padres miopes eran más propensos a utilizar luces nocturnas y, debido a factores hereditarios, los hijos de padres miopes eran más propensos a ser miopes de mayores. La CNN corrigió debidamente su informe anterior[50]: «DÉJALA ENCENDIDA: UN ESTUDIO AFIRMA QUE LA ILUMINACIÓN NOCTURNA NO DAÑA LA VISTA DE LOS NIÑOS». Este es un gran ejemplo de cómo la correlación no implica la causalidad, pero no es ahí adonde quiero llegar. Echadme algo más de paciencia.

En 2001, un año más tarde de que desmintieran el estudio inicial, me quedé embarazada de mi hijo. Teniendo en cuenta lo que sabía hasta el momento, ¿pondría yo (una persona con miopía severa) una luz nocturna en su habitación? La respuesta es *por supuesto que no*. Me parecía más sensato arriesgarme a darme un golpe en la rodilla con la esquina del cambiador o golpearme el dedo del pie con una papelera que arriesgarme lo más mínimo a dañar los ojos de mi querido hijo. (Como no podía ser de otro modo, a pesar de todos los golpes que me di, mis dos hijos llevan gafas).

Como psicóloga cognitiva, me interesé en esta resistencia. Hasta le puse nombre: impresión causal. Se trata de lo siguiente. En un primer momento, digamos que en la fase 1, una persona observa una correlación entre A y B, como se muestra en la figura: cuando A está presente, B tiende a estar presente, pero cuando A no está presente, B también tiende a no estar presente.

Basándose en esta observación, se podría deducir en la fase 2 que A causa B, como las luces nocturnas causan miopía. La fase crítica es la 3. En este punto, se sabe que también hay un tercer factor, C, y que siempre que A y B coinciden, C también está presente, y siempre que C está ausente, A y B no coinciden. Basándose en esta observación, la inferencia causal más válida sería que C es la causa de A y B, y que A no es la causa de B. La observación de la correlación entre A y B en la fase 1 es errónea porque C aún se desconocía. Sin embargo, una vez que alguien se ha formado la creencia de que A causa B, sigue interpretando el patrón de causa común de los datos de la fase 3 como que A causa B, incluso después de conocer C y aunque no haya pruebas de que A cause B en ausencia de C.

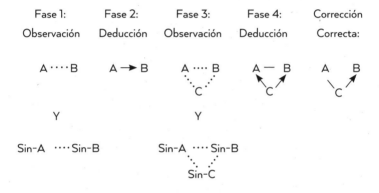

En una serie de experimentos que realicé con Eric Taylor, que estaba trabajando conmigo como compañero de posgrado, descubrimos que los participantes de la fase 3 (es decir, los que observaron los factores A, B y C al mismo tiempo) llegaron fácilmente a la correlación causal correcta, que era que C causa A y B, y que A no causa B. Así que, no es que la gente tenga dificultades innatas para aprender una estructura de causa común.

Pero al igual que yo con las luces nocturnas y la miopía, si los participantes parten de la fase 1 y desarrollan la creencia inicial de que A causa B, esa creencia permanece en su mente y no la reconsideran [51], ni siquiera después de ver el patrón completo de datos que indica claramente que la asociación causal entre A y B es errónea. Una vez que uno cree que A causa B, nada en el nuevo conjunto de datos presentado en la fase 3 contradice directamente esa creencia: A y B parecen seguir coincidiendo, por lo que uno interpreta esa correlación como una prueba de que A causa B y no reconsidera su creencia errónea.

Este es otro ejemplo del sesgo de confirmación, nuestra tendencia a aferrarnos a nuestras creencias preexistentes. En el capítulo 2, hablé del tipo de sesgo de confirmación que se produce cuando no buscamos información que pueda contradecir lo que ya pensamos que es correcto. Esta vez, el sesgo de confirmación se produce porque *interpretamos* los nuevos datos para que encajen con lo que creemos que es la verdad.

La omnipresencia de las interpretaciones sesgadas

He aquí otra historia relacionada con mi hijo y una interpretación sesgada. Cuando mi segundo hijo tenía 4 años, tuvimos una discusión mientras yo conducía. Me preguntó por qué un semáforo amarillo se llama semáforo amarillo. No entendí su pregunta, pero solo tenía 4 años, así que le dije: «Se llama semáforo amarillo porque es amarillo». A lo que él respondió: «No es amarillo, es naranja». Le corregí pacientemente, mientras me preguntaba si mi marido se había olvidado de decirme que es daltónico y, por tanto, podría haber transmitido este rasgo a nuestro hijo. Mi hijo insistió: «Mamá, míralo». Para demostrarle que estaba equivocado, me detuve en el siguiente semáforo en amarillo y lo miré fijamente. Y ahí estaba: una luz naranja. Vale, no tiene el color de las naranjas maduras de Florida, pero es innegable que se parece más al color de una naranja que al de un limón. Míralo tú mismo. Más tarde me enteré de que los semáforos amarillos se hacen anaranjados a propósito, para garantizar la máxima visibilidad (en la esfera oficial y en el Reino Unido, se les llama de forma más precisa luces ámbar). Bien, pero entonces ¿por qué crecí pensando que eran amarillos? Sentí que me habían engañado toda la vida. Mis padres las llamaban luces amarillas y yo siempre las he llamado luces amarillas. Cuando era pequeña, dibujaba obedientemente los semáforos con lápices de colores rojos, verdes y amarillo limón. Lo más espantoso es que, hasta que mi hijo me corrigió, yo los veía amarillo limón.

Tener una interpretación sesgada de la realidad debido a lo que ya creemos es extremadamente común. Aunque este ejemplo no es intrínsecamente peligroso (en realidad no importa si un semáforo es amarillo, naranja o ámbar mientras se respete), hay que suponer que la gente reconsiderará sus creencias iniciales a la luz de nuevos datos cuando las consecuencias de no hacerlo sean perjudiciales. Sin embargo, hay muchos ejemplos de interpretaciones sesgadas que persisten frente a pruebas contrarias, incluso cuando pueden perjudicar tanto a uno mismo como a los demás de forma significativa.

Por ejemplo, todos conocemos al menos a una persona que siempre culpa de sus problemas a otra. Cuando llegan tarde a una reunión, le echan la culpa al tráfico, a pesar de que todos los días hay tráfico en esa calle a esa hora. Cuando hieren los sentimientos de alguien, se disculpan diciendo: «Siento que te hayas sentido así». Creer que siempre tienen razón y que los demás siempre se equivocan les sirve para proteger su frágil ego, pero les priva de oportunidades para aprender y crecer, y para desarrollar relaciones fuertes y sanas.

Y luego están los que se culpan por todo. Se sienten obligados a dudar de cualquier cumplido que reciben («Seguro que eso se lo dice a todo el mundo»), a restar importancia a sus logros («He tenido suerte») y a magnificar hasta el comentario negativo más constructivo como condenatorio («No tengo remedio»). Puede que sufran el síndrome del impostor, o lo que es lo mismo, sienten que nunca son lo bastante buenos, y ninguna nueva prueba de lo contrario puede romper la imagen negativa preexistente que tienen de ellos mismos.

Las personas que sufren depresión tienden a hacer interpretaciones sesgadas que les perjudican. Supongamos que Ella envía un mensaje de texto a su amigo Les: «¿Tienes algún plan para el viernes por la noche?». Cuatro minutos después, el estado del mensaje cambia de «entregado» a «leído», pero Les no ha contestado. Ya han pasado dos horas. Puede haber muchas razones por las que Les no haya contestado. Puede que acabe de entrar en una reunión insoportablemente aburrida que le haya hecho olvidarse del mensaje, puede que se le haya caído el teléfono en un bol gigante de sopa de fideos justo después de leerlo, o puede que un pájaro se le haya cagado en la cabeza y se haya estado lavando el pelo con champú antibacteriano desde entonces. Aunque la situación es completamente ambigua, Ella, que ha estado sintiendo dudas sobre su valía, llega a la conclusión de que Les ya no quiere ser su amigo.

Las personas también perjudican a otras cuando perpetúan impresiones inexactas sobre ellas basadas en estereotipos injustificados. Hay innumerables estudios que lo demuestran, pero uno de mis favoritos examina la diferencia salarial entre hombres y mujeres, un problema social preocupante y controvertido. Las mujeres cobran menos que los hombres, pero algunos sostienen que no es injusto porque refleja verdaderas diferencias de aptitud. El estudio que voy a presentar examina lo que ocurre cuando dos candidatos a un puesto de investigación son idénticos[52] en todos los aspectos excepto en el género.

Los participantes en este experimento eran profesores de ciencias de grandes universidades estadounidenses con departamentos de ciencias muy destacados y respetados. Se les pidió que calificaran a un candidato para un puesto de director de laboratorio de estudiantes. En la solicitud se indicaba dónde se habían licenciado los candidatos, sus notas medias, sus resultados en el GRE (que es como el examen de acceso a la universidad, solo que destinado a los estudios de posgrado), su experiencia previa en investigación, sus planes de futuro y otra información que se suele pedir a las personas que solicitan un puesto de trabajo. A todos los profesores que participaron en este estudio se les presentó la misma solicitud, salvo que en la mitad de ellas el nombre del solicitante era Jennifer y en la otra mitad, John.

A pesar de que las credenciales de Jennifer y John eran exactamente las mismas, los participantes en el estudio, todos ellos profesores de ciencias formados para interpretar los datos sin prejuicios, consideraron que John era mucho más competente, deseable y merecedor de una tutoría docente que Jennifer. Cuando se les pidió que estimaran el salario que ofrecerían al solicitante, la media para John fue de 3500 dólares, un 10 % superior a la de Jennifer. Estos científicos interpretaron la misma solicitud de forma diferente únicamente por el sexo del solicitante. Resulta aún más desalentador que esto fuera así no solo en el caso de los profesores varones que emitieron los juicios, sino también en el de las profesoras.

Innumerables estudios similares demuestran la existencia de prejuicios basados en cualquier tipo de -ismo que se pueda imaginar, no solo el sexismo, sino también el racismo, el etnicismo, el clasismo, el heterosexismo, el capacitismo y el edadismo. Veamos uno que examinó varios problemas atroces a los que se ha prestado mucha atención últimamente: la violencia policial y el racismo. Se pidió a los participantes, en su mayoría hombres y mujeres blancos, que jugaran a un videojuego [53] en el que un individuo aparecía inesperadamente en escenas de la vida real (como delante de un centro comercial o en un aparcamiento) con una pistola en la mano (un revólver plateado o una pistola negra de 9 mm) o algún otro objeto (como una lata de aluminio plateada, un teléfono móvil negro o una cartera negra). Los investigadores se esforzaron en que estos objetos fueran claramente identificables en la pantalla y no ambiguos. Los participantes debían «disparar» a la persona si tenía un arma en la mano y pulsar el botón de «no disparar» si no la tenía. Tenían que hacerlo bajo presión de tiempo, simulando el tipo de situaciones a las que se enfrentan los agentes de policía cuando son llamados a posibles escenas de crimen. Como los lectores ya habrán previsto, la persona objetivo era a veces un hombre blanco y a veces un hombre negro.

También es probable que hayas adivinado lo inquietantes que fueron los resultados. Los participantes tenían muchas más probabilidades de disparar a un negro sin pistola que a un blanco sin pistola. Es decir, que es más probable que se confunda una lata de aluminio con un revólver plateado si lo sostiene un hombre negro. Además, los participantes tenían muchas más probabilidades de juzgar erróneamente a un hombre blanco con pistola que a un hombre negro con pistola. Es decir, que es más probable que una pistola negra se interprete como un teléfono móvil negro o una cartera si la sostiene un hombre blanco.

En uno de los experimentos de seguimiento, los investigadores examinaron la rapidez con la que los participantes pulsaban el botón de «no disparar» cuando el objetivo estaba desarmado. Esta vez, se aseguraron de seleccionar no solo a participantes blancos, como en los experimentos anteriores, sino también a participantes negros. En este caso, tanto los participantes blancos como los negros pulsaron el botón de «no disparar» más rápido cuando el objetivo desarmado era un hombre blanco que cuando el objetivo desarmado era negro.

La gente inteligente puede ser más propensa a los sesgos

¿Existen personas menos susceptibles a los sesgos? ¿Y las que suelen considerarse inteligentes? Nos gustaría pensar que las personas más inteligentes pueden discernir lo que está bien o mal y aplicar solo los conocimientos pertinentes para ayudarles a interpretar los datos o a juzgar lo que ven. Por el contrario, cuando oímos que algunas personas reaccionan ante ciertos acontecimientos de una manera completamente opuesta a como creemos que deberían hacerlo, es tentador pensar que son menos inteligentes que nosotros. Por ejemplo, supongamos que hay una persona que cree firmemente que el Covid-19 no es más mortal que una gripe normal. Podríamos pensar que solo la gente tonta podría creer una teoría tan absurda y tratar las muertes de millones de personas en todo el mundo como muertes «naturales», creyendo que todos estaban a punto de morir de todos modos, pero hay muchas personas que han demostrado inteligencia en otros aspectos de su vida y que repiten como loros esta idea manifiestamente falsa.

De hecho, las personas más inteligentes pueden ser incluso más propensas a las interpretaciones sesgadas, porque conocen más formas de explicar los hechos que contradicen sus creencias. Existe un estudio trascendental, publicado en 1979 [54], que es probablemente el que más se cita en los escritos sobre el sesgo de confirmación, ya que trata, sobre todo, del que puede conducir a la polarización política, pero el hecho de que requiriera esfuerzos elaborados e inteligentes por parte de los participantes para mantener su sesgo no se ha comentado mucho, así que he aquí los detalles.

Se seleccionaron estudiantes universitarios para participar en el estudio en función de su opinión sobre la pena de muerte. Algunos eran partidarios de la pena de muerte, pues creían que disuade de cometer delitos. Otros se oponían a ella. Al entrar en el laboratorio, se pidió a los participantes que leyeran los resultados de diez estudios que analizaban si la pena de muerte aumentaba o reducía los índices de delincuencia. La mitad de estos estudios (hipotéticos) mostraban el efecto disuasorio, como en este ejemplo:

> Kroner y Phillips (1977) compararon las tasas de homicidio del año anterior y del año posterior a la adopción de la pena de muerte en 14 estados. En 11 de los 14 estados, las cifras de asesinatos fueron más bajas tras la adopción de la pena de muerte. Esta investigación apoya el efecto disuasorio de la pena de muerte.

La otra mitad afirmó que la pena de muerte no disuadía de la delincuencia:

> Palmer y Crandall (1977) compararon las cifras de asesinatos en 10 pares de estados vecinos con diferentes leyes de pena de muerte. En 8 de los 10 pares, las cifras de asesinatos eran más altas en el estado con pena de muerte. Esta investigación se opone al efecto disuasorio de la pena de muerte.

Cada vez que los participantes leían un estudio, se les pedía que calificaran los cambios en sus posturas sobre la pena de muerte. Llegados a este punto, es posible que los lectores esperen que esté a punto de informar sobre el mismo sesgo de confirmación de siempre: que los partidarios de la pena de muerte dicen seguir teniendo opiniones favorables sobre la pena de muerte, mientras que los detractores de la pena de muerte siguen teniendo opiniones desfavorables, independientemente de los estudios que lean.

Resulta interesante que no sea exactamente así. Tras leer los resultados de un estudio que demostraba el efecto disuasorio, tanto los defensores como los detractores se mostraron más partidarios de la pena de muerte. Del mismo modo, ambos grupos se volvieron más negativos tras leer los resultados contrarios. Es decir, a la gente le afectaba la nueva información, aunque contradijera sus creencias previas. Sus actitudes iniciales moderaron el grado de cambio observado (por ejemplo, tras recibir la información sobre el efecto disuasorio, los defensores se volvieron aún más partidarios de la pena de muerte que los detractores), pero esto no impidió que la gente hiciera algunos cambios en su forma de pensar.

Desde un punto de vista crítico, el estudio tuvo una segunda fase. Después de haber examinado únicamente los breves resúmenes de los resultados, se pidió a los participantes que leyeran descripciones más precisas de los estudios, en las que se daban todos los detalles metodológicos, como la forma en que se seleccionaron los estados para realizar los estudios (ya que los estados de EE. UU. tienen leyes diferentes) o la duración de cada uno de ellos. Los participantes también supieron exactamente cuáles fueron los resultados. Estos detalles supusieron una gran diferencia, porque proporcionaron a estos inteligentes participantes excusas para descartar las pruebas cuando los resultados contradecían sus creencias originales.

Estos son algunos ejemplos de lo que los participantes dijeron:

El estudio se realizó solo un año antes y un año después de que se reinstaurara la pena capital. Para que el estudio fuera más efectivo deberían haber tomado datos de al menos diez años antes y tantos años después como fuera posible.

Había demasiados fallos en la elección de los estados y demasiadas variables implicadas en el experimento en su conjunto como para cambiar mi opinión.

Al utilizar críticas tan elaboradas, se convencían a sí mismos de que los estudios cuyos resultados contradecían sus creencias y posturas iniciales eran erróneos, y no solo eso, los resultados contradictorios les hicieron convencerse aún más de su postura inicial. Los defensores de la pena de muerte se mostraron incluso favorables a ella tras haber leído los detalles de los estudios que socavaban sus creencias y posturas iniciales. Del mismo modo, los detractores de la pena de muerte se volvieron aún más contrarios tras leer los detalles de los estudios que apoyaban los efectos disuasorios. Es decir, las pruebas que contradecían sus creencias originales provocaron una polarización todavía mayor.

Inventar excusas para descartar pruebas requiere una buena cantidad de habilidades de pensamiento analítico y conocimientos previos, como la forma de recabar y analizar datos, o por qué es importante la ley de los grandes números, tratada en el capítulo 5. Cuando los participantes no podían aplicar esas sofisticadas habilidades porque las descripciones de los estudios eran muy breves, no se producía una asimilación sesgada, pero una vez que disponían de información suficiente, podían utilizar esas habilidades para encontrar fallos en los estudios que contradecían su postura original, hasta el punto tal de que los hallazgos contrarios a sus creencias acababan reforzándolas.

Este estudio, sin embargo, no investigó directamente las diferencias individuales en las habilidades de razonamiento de los participantes. Otro estudio analizó de manera más directa si los individuos con distintos niveles de habilidades de razonamiento cuantitativo difieren en las interpretaciones sesgadas [55]. Los investigadores midieron primero la competencia numérica de los participantes, es decir, su capacidad para razonar utilizando conceptos numéricos. Las preguntas que utilizaron para medir la competencia numérica variaban en dificultad, pero todas requerían un nivel bastante alto de razonamiento cuantitativo para responder correctamente; algunas eran un poco más complicadas que, por ejemplo, calcular propinas o calcular el precio de un par de zapatos durante una rebaja del 30 %, y otras eran mucho más difíciles de resolver, como estas:

> Imagina que lanzamos un dado de cinco caras 50 veces. Por término medio, ¿cuántas veces de esas 50 veces el dado de cinco caras mostrará un número impar? (Respuesta correcta: 30).
>
> En un bosque, el 20 % de las setas son rojas, el 50 % marrones y el 30 % blancas. Una seta roja es venenosa con una probabilidad del 20 %. Una seta que no es roja es venenosa con una probabilidad del 5 %. ¿Cuál es la probabilidad de que una seta venenosa del bosque sea roja? (Respuesta correcta: 5 %).

A continuación, se les presentaron a los participantes algunos «datos» que mostraban una relación entre una nueva crema para la piel y un sarpullido. La tabla siguiente muestra lo que vieron los participantes. En 223 de un total de 298 casos (o alrededor del 75 % de las veces), cuando se utilizó la crema para la piel, el sarpullido mejoró, y en los 75 casos restantes, el sarpullido empeoró. Basándose en estos datos, mucha gente llegaría a la conclusión de que la nueva crema para la piel mejora su estado.

Sin embargo, ¿recuerdas que en el capítulo 2 utilicé el espray para monstruos y el ejemplo sanguinolento para ilustrar el sesgo de confirmación? Así como debemos comprobar lo que ocurre cuando no utilizamos el espray para monstruos, también debemos examinar los casos en los que *no* se utilizó la nueva crema para la piel. Los datos resumidos en la tabla siguiente muestran que en 107 de 128 casos (o alrededor del 84 % de las veces) en los que no se utilizó la nueva crema para la piel, el sarpullido mejoró. En otras palabras, según estos datos, los afectados por el sarpullido habrían estado mejor si no hubieran utilizado la crema para la piel.

	EL SARPULLIDO MEJORÓ	EL SARPULLIDO EMPEORÓ
Pacientes que utilizaron la nueva crema para la piel (Total = 298)	223	75
Pacientes que <u>no</u> utilizaron la nueva crema para la piel (Total = 128)	107	21

Evaluar correctamente estos resultados es una tarea bastante difícil, por lo que tiene sentido que cuanto más altas fueran las puntuaciones de los participantes en la evaluación numérica, más probabilidades tendrían de acertar las respuestas correctas y, de hecho, eso fue lo que ocurrió. También debo añadir que no hubo diferencias entre la capacidad de los demócratas y la de los republicanos para acertar. Esto puede parecer algo extraño de mencionar aquí, pero era fundamental establecerlo, porque en otra condición del estudio, los participantes recibieron cifras idénticas a las utilizadas en los datos sobre la crema para la piel y el sarpullido, pero ahora se presentaban en un contexto con tintes políticos.

Estos datos se referían a la relación entre el control de armas (en concreto, la prohibición de llevar armas ocultas en público) y los índices de delincuencia. Se presentaron dos versiones de estos datos: una mostraba que el control de armas aumentaba la delincuencia, apoyando la opinión de la mayoría de los republicanos, y la otra mostraba que el control de armas reducía la delincuencia, apoyando la opinión más común entre los demócratas.

Independientemente de que los participantes fueran demócratas o republicanos, los que habían obtenido puntuaciones bajas en aritmética seguían teniendo problemas para obtener las respuestas correctas, como con los ejemplos de la crema para la piel y la sangría; estaban decidiendo azarosamente si el control de armas aumentaba o reducía la delincuencia. Al menos, su interpretación de los datos no estaba sesgada. Independientemente de si los datos mostraban que el control de armas aumentaba o reducía la delincuencia, los demócratas y republicanos con puntuaciones más bajas en aritmética tenían más probabilidades de equivocarse que de acertar, y no hubo ninguna diferencia entre demócratas y republicanos, al igual que sucedió con la versión de la crema para la piel.

CONCLUSIONES DE LOS PARTICIPANTES REPUBLICANOS		
	REDUCCIÓN DE LA DELINCUENCIA	AUMENTO DE LA DELINCUENCIA
Ciudades que prohibieron llevar armas ocultas en público (Total = 298)	223	75
Ciudades que no prohibieron llevar armas ocultas en público (Total = 128)	107	21

Nota: Según estos datos ficticios, el control de armas aumenta la delincuencia porque el 25% de las ciudades con control de armas mostró un aumento de la delincuencia, mientras que el 16% de las ciudades sin control de armas mostró un aumento de la delincuencia.

CONCLUSIONES DE LOS PARTICIPANTES DEMÓCRATAS		
	REDUCCIÓN DE LA DELINCUENCIA	AUMENTO DE LA DELINCUENCIA
Ciudades que prohibieron llevar armas ocultas en público (Total = 298)	75	223
Ciudades que <u>no</u> prohibieron llevar armas ocultas en público (Total = 128)	21	107

Nota: Según estos datos ficticios, el control de armas reduce la delincuencia porque el 25 % de las ciudades con control de armas mostró una reducción de la delincuencia, mientras que el 16 % de las ciudades sin control de armas mostró una reducción de la delincuencia.

Sin embargo, entre los que tenían más conocimientos de aritmética había un sesgo. Los republicanos con más conocimientos numéricos tenían más probabilidades de acertar cuando la respuesta correcta era que el control de armas aumentaba la delincuencia. Por su parte, los demócratas con más conocimientos numéricos tenían más probabilidades de acertar cuando la respuesta correcta era que el control de armas reducía la delincuencia. Es decir, las personas con mayor capacidad de razonamiento cuantitativo solo la utilizaban cuando los datos apoyaban sus puntos de vista.

No estoy intentando decir que quienes carecen de altos niveles de capacidad de razonamiento cuantitativo o analítico no hagan interpretaciones sesgadas. Por supuesto que las hacen. Es muy poco probable que solo las personas «inteligentes» hagan, por ejemplo, juicios rápidos basados en la raza sobre si alguien lleva una pistola o un teléfono móvil. La cuestión aquí es que las llamadas habilidades inteligentes no eximen a las personas de tener sesgos irracionales, de hecho, a veces pueden exacerbarlos.

Por qué interpretamos los hechos de manera sesgada

Interpretar los hechos y los datos para que encajen con las propias creencias sesgadas puede convertirse fácilmente en una amenaza para las personas y la sociedad. Antes de analizar qué podemos hacer, si es que podemos hacer algo, para contrarrestar esta tendencia, merece la pena preguntarse por qué la tenemos y por qué a menudo no somos capaces de reconocerla o contrarrestarla.

No cabe duda de que los factores de motivación desempeñan un papel crucial. La motivación puede ser la necesidad de salvar las apariencias, de demostrar que uno está en lo cierto (incluso cuando no lo estamos). A veces, también tenemos el deseo de proteger los credos de la familia, los clanes o los partidos políticos a los que pertenecen esas creencias (y nosotros mismos). Explicar las interpretaciones sesgadas en términos de razonamiento motivado es válido en algunos casos. Sin embargo, hay muchas situaciones en las que nuestras interpretaciones están sesgadas cuando no hay factores motivantes. Pensemos de nuevo en el semáforo. No tengo ningún interés en creer que el semáforo está en amarillo. Tengo opiniones firmes sobre muchos temas, pero el color de los semáforos no es uno de ellos. A pesar de todo, he visto erróneamente esas luces como amarillas desde que era pequeña, simplemente porque creía que eran de ese color. O pensemos en las profesoras de ciencias que ofrecieron un salario más bajo a Jennifer que a John; es difícil imaginar que quisieran activamente bloquear a las mujeres del campo de la ciencia. Pocos creerían que esos participantes negros, que decidieron más rápidamente no disparar a un blanco desarmado que a un negro desarmado, querían una sociedad más racista. Incluso cuando no estamos motivados para creer algo, nuestras creencias pueden influir en lo que vemos o experimentamos, porque así es como funciona nuestra cognición. Reconocer que estos sesgos forman parte de nuestros mecanismos cognitivos puede ayudarnos a comprender lo arraigados que están.

Los mecanismos cognitivos que subyacen a los sesgos interpretativos no son distintos de los que utilizamos en cada momento de nuestras vidas. Los seres humanos poseemos una gran cantidad de conocimientos que utilizamos de forma constante, inconsciente y automática cada vez que procesamos estímulos externos. En la ciencia cognitiva, a esto se le denomina procesamiento descendente.

Pensemos, por ejemplo, en cómo procesamos la información sonora, como si alguien dijera algo. Quienes hayan crecido en Estados Unidos habrán oído repetidamente el Juramento a la Bandera: «Juro lealtad a la bandera de los Estados Unidos de América y a la República que representa, una nación guiada por Dios, indivisible, con libertad y justicia para todos». No es raro oír a los niños recitarlo como «guiada por Dios, invisible» o «a la República que brujas representa», porque en realidad en inglés suena así. Si tenemos en cuenta las propiedades puramente fonéticas de esas palabras en inglés, esos errores son comprensibles. Solo cuando se piensa en el verdadero significado del juramento nos damos cuenta de que no puede ser «brujas» o «invisibles».

Piensa en las herramientas de transcripción del contestador automático. Yo estoy bastante impresionada por cómo mi iPhone me dicta los números de teléfono, y los últimos mensajes que ha transcrito han sido bastante precisos. No obstante, a pesar de esta increíble mejora de la inteligencia artificial, la semana pasada recibí una transcripción del contestador automático que decía: «Hola, este mensaje es para _____. Me llamo Mary, le llamo de parte de grite [en inglés *yell*] a su nariz y garganta, por favor, devuélvanos la llamada. El teléfono es [dicta el número] y pulse el número tres, repito, le estamos llamando de Yale su nariz y garganta». Puedo dejar pasar el hecho de que la transcripción ni siquiera intentara pronunciar mi nombre (a menos que haya un sesgo cultural sistemático integrado en el sistema de IA), pero ¿qué son «grite a su nariz y garganta» y «Yale su nariz y garganta»? Reproduje el mensaje del contestador de Mary y escuché que dijo el nombre de «Yale Ear Nose and Throat», la escuela de otorrinolaringología de la universidad, con toda la claridad del mundo, pero la realidad es que el habla es muy ambiguo, y que es gracias al procesamiento descendente y a la riqueza de referencias que utilizamos de forma inconsciente que somos capaces de desambiguar las palabras y los significados tanto como lo hacemos. Mi procesamiento descendente era tan fuerte y automático que no podía oír «grita a tu nariz» sin importar las veces que reprodujera la grabación.

No obstante, ¿pueden las personas ver un objeto idéntico de dos formas opuestas[56] solo por lo que creen en ese momento, aunque no guarden relación con lo que creen? Mi antigua alumna Jessecae Marsh y yo analizamos esta cuestión en un experimento. Al principio, se mostró a cada participante una diapositiva que tenía una imagen de un tipo de bacteria presente en una muestra de suelo en la parte izquierda de la pantalla (parece una barra) y al lado una imagen de la muestra (como se ve en los paneles de figuras). La muestra estaba claramente etiquetada para indicar si contenía nitrógeno o no. Se dijo a los participantes que se les mostraría una serie de diapositivas de este tipo y que luego tendrían que averiguar si un determinado tipo de bacteria provocaría la presencia de nitrógeno en el suelo.

A continuación, cada participante vio sesenta páginas en pantalla, cada una de las cuales mostraba a la derecha una muestra de suelo diferente. Al principio, se les mostraron dos tipos de bacterias, como se ve en los dos paneles superiores de la figura: en algunos, la bacteria se extendía desde la parte superior de la imagen hasta la inferior, y en otros aparecía como una pequeña barra con mucho espacio por encima y por debajo.

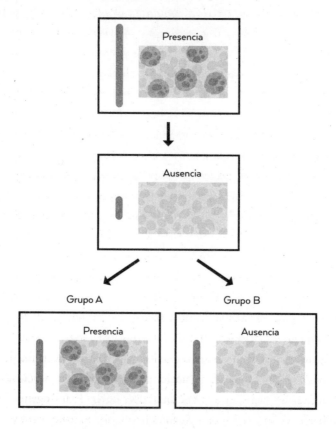

Tal y como se muestra en la parte superior de los dos recuadros de la imagen, los participantes vieron primero las muestras de varios suelos en las que la presencia de una bacteria extremadamente larga indicaba la existencia de nitrógeno, y otras en las que la presencia de una bacteria extremadamente corta indicaba la ausencia de nitrógeno. Después de ver muchas de estas correlaciones, los participantes terminaron desarrollando la creencia de que esa bacteria larga era la causante de la presencia de nitrógeno en el suelo. Una relación bastante directa.

A continuación, le dimos una vuelta de tuerca. En el momento en que los participantes empezaron a pensar que las bacterias largas eran la causa de la presencia de nitrógeno, a la mitad de los participantes, a los que llamaremos grupo A, se les enseñaron muestras de suelo en las que había bacterias de longitud media junto a una imagen que indicaba la presencia de nitrógeno. La longitud de estas bacterias medianas se construyó cuidadosamente para que su tamaño estuviera justo entre las bacterias obviamente largas y las obviamente cortas. Es decir, si se categorizaba la longitud de las bacterias como largas o cortas, estas medianas eran realmente ambiguas, ni largas ni cortas. Medianas.

Al final del experimento, el grupo A había visto un total de sesenta diapositivas, una mezcla de bacterias largas junto a imágenes de suelos en los que había presencia de nitrógeno, bacterias cortas junto a imágenes de suelos en los que no había presencia de nitrógeno y bacterias medianas junto a imágenes de suelos en los que sí había presencia de nitrógeno. Después, los participantes tuvieron que responder a una pregunta sorpresa: ¿En cuántas diapositivas aparecían bacterias largas junto a imágenes de muestras en las que había presencia de nitrógeno? De las sesenta muestras, solo en veinte aparecía la bacteria larga, esa que iba desde la parte de arriba de la diapositiva hasta la parte de abajo, y esas que estaban asociadas a imágenes de suelos en los que había presencia de nitrógeno. Sin embargo, de media, los participantes respondieron haber visto veintiocho casos, ya que, al haber desarrollado la hipótesis de que las bacterias largas solían provocar la producción de nitrógeno, cada vez que veían una diapositiva con presencia de nitrógeno, ellos interpretaban que las bacterias de esas imágenes eran largas, incluso si junto a ellas aparecía la bacteria del ambiguo tamaño mediano.

La otra mitad de los participantes del mismo experimento, el grupo B, vio una secuencia bastante parecida, que empezaba con imágenes de bacterias largas (presencia de nitrógeno) y bacterias cortas (ausencia de nitrógeno), solo que esta vez las bacterias de tamaño mediano que aparecían en las últimas diapositivas estaban emparejadas con la *ausencia* de nitrógeno. Cuando se les preguntó que estimaran el número de diapositivas en las que la bacteria corta estaba emparejada a la ausencia de nitrógeno, la respuesta media de los participantes fue veintinueve, a pesar de que la respuesta correcta era veinte.

En otras palabras, ambos grupos de participantes vieron bacterias idénticas de longitud media en la segunda parte del experimento, pero el grupo A las vio como «largas» y el grupo B como «cortas» porque ambos grupos habían llegado a creer que las bacterias largas provocan la presencia de nitrógeno. Dada esa creencia inicial, interpretaron las bacterias ambiguas que acompañaban a una diapositiva de tierra rica en nitrógeno como largas y las bacterias ambiguas junto a tierra sin nitrógeno como cortas. Estoy completamente segura de que a ninguno de nuestros participantes les importó esta creencia. No es que fueran a ganar dinero si veían más bacterias largas que cortas o viceversa. Además, no tenían que contar las medianas; podrían haberlas ignorado porque eran ambiguas, pero las clasificaron espontáneamente como «largas» o «cortas» porque encajaba con su visión descendente.

No solo clasificaron las bacterias de esta forma, sino que también empezaron a verlas así. Al final del experimento, presentamos a los participantes imágenes de las tres bacterias y les preguntamos a cuál se parecía más la bacteria mediana, a la larga o a la corta. El grupo A dijo que la bacteria mediana se parecía más a la larga y el grupo B dijo que se parecía más a la corta.

El procesamiento descendente se produce de forma espontánea y automática, estemos o no motivados para utilizarlo. Lo necesitamos para dar sentido al mundo, ya que coloca la información que nos llega a través de los sentidos en un marco coherente que nos permite predecir y controlar nuestro entorno. Sin el procesamiento descendente estaríamos completamente perdidos y nuestras vidas serían un caos.

Consideremos una percepción visual muy básica, como la que estoy viendo pasivamente ahora mientras tecleo esta frase, que es mi perro moviéndose fuera de su cama. Las características físicas de todo lo que hay en mi campo visual: la forma, el color, los contornos, las líneas; las formas cambian constantemente, pero veo un objeto único (mi perro) que sale de otro objeto único (la cama) y pisa el suelo, en lugar de que la cama del perro o el suelo se transformen en formas y colores diferentes. Ahora imagina que, en lugar de mí, el perceptor es un robot perfectamente capaz de procesar señales físicas con una cámara de alta tecnología, pero imagina también que este robot no tiene los conceptos de perro o cama, ni los principios básicos de la percepción. No sabe que las partes que se mueven juntas pueden pertenecer a un mismo objeto. Además, no entiende nociones más abstractas como la animación: considera que todos los objetos inanimados pueden animarse y cree que los gráficos por ordenador existen en el mundo natural. Con todo esto, el robot no entendería la escena del mismo modo que yo. Sin el procesamiento descendente, seríamos como ese robot, incapaces de distinguir a nuestros perros de sus camas y estaríamos constantemente esperando que los electrodomésticos y los muebles cobrasen vida.

¿Qué podemos hacer?

El problema aquí es que el procesamiento descendente también es responsable de las interpretaciones sesgadas, que a su vez causan el sesgo de confirmación y los prejuicios. Los resultados de estos sesgos suelen ser terribles, pero el proceso en sí depende de capacidades que utilizamos todo el tiempo para dar sentido al mundo. En otras palabras, no podemos detener fácilmente el proceso que nos mete en problemas; lo necesitamos. Comprender que las interpretaciones sesgadas son inevitables es un buen primer paso para averiguar qué podemos hacer para contrarrestar sus peligros.

Los sesgos de pensamiento son mucho más difíciles de superar cuando creemos que nosotros no los cometemos y que solo afectan a personas estúpidas que no se parecen en nada a nosotros. Una vez que nos damos cuenta de que las interpretaciones sesgadas forman parte del procesamiento descendente, podemos admitir que todos somos capaces y propensos a cometer sesgos de interpretación, incluso cuando intentamos estar abiertos a pensamientos no dictados por una doctrina determinada y no nos ha lavado el cerebro un grupo sectario chiflado. Teniendo esto en cuenta, la próxima vez que un niño de 4 años te diga que un semáforo amarillo es naranja, puede que seas más abierto de mente y lo mires con otros ojos.

Por desgracia, resolver los problemas de la vida no siempre es tan fácil como fijarse más en un semáforo: no hay arreglo sencillo cuando tenemos convicciones erróneas sobre nosotros mismos, creyendo, por ejemplo, que somos unos perdedores o que nuestro futuro es desesperanzador cuando no es así en absoluto. Sigamos con este ejemplo: todo el mundo duda de sí mismo alguna vez, y a algunas personas les resulta especialmente difícil deshacerse de ello, hasta el punto de que la duda se convierte en parte de su propio concepto. Cuando eso ocurre, interpretan todo lo que les sucede a la luz de esa creencia errónea, lo que la refuerza aún más. Como resultado, les resulta prácticamente imposible liberarse de esas dudas por sí solos.

En psicología clínica, existe una técnica conocida como terapia cognitivo-conductual que está específicamente diseñada para vencer prejuicios profundamente arraigados en las formas de pensar negativas. A algunos les puede parecer extraño que tengamos que aprender a pensar mejor (e incluso tener que pagar por ello si el seguro no lo cubre), pero es así. He aquí una forma de entenderlo: cuando vamos a un bufé, no nos echamos a la boca cualquier alimento al azar como Pac-Man tragándose todo lo que tiene delante; elegimos deliberadamente qué platos comer y cuáles ignorar. Del mismo modo, siempre hay un montón de pensamientos rondando por nuestra mente y tenemos que seleccionar cuáles atender y cuáles dejar pasar. Si alguien ha adquirido el mal hábito de dejarse llevar por pensamientos negativos, necesitará ayuda para romperlo, del mismo modo que necesitamos un profesor de yoga o un entrenador personal en un gimnasio para que nos enseñe técnicas de ejercicio y nos anime para que las utilicemos con constancia. La terapia cognitivo-conductual ha demostrado ser muy eficaz, pero al igual que ponerse en forma con la ayuda de un entrenador personal o un instructor de yoga, no funciona como una varita mágica en una sola sesión; se necesitan semanas y semanas de sesiones de terapia, y también hay que ejercitar repetidamente las habilidades en la vida cotidiana; este es otro ejemplo de lo difícil que es contrarrestar las interpretaciones sesgadas.

Cambiemos de tema. ¿Qué debemos hacer cuando nos sentimos molestos o agobiados por las interpretaciones sesgadas de otra persona? Una vez más, comprender que esos prejuicios son en parte cognitivos puede ayudarnos a ser más tolerantes con quienes ven las cosas de otro modo, es decir, no siempre es que esas personas quieran hacernos daño; sino que puede que solo vean la situación a su manera. No tenemos por qué ponernos siempre a la defensiva. A veces, es más fácil y mejor centrarse en resolver los problemas causados por perspectivas diferentes que intentar cambiarlas.

Por ejemplo, digamos que el señor Green está obsesionado con el mantenimiento de su césped, mientras que su vecino el señor

Brown cree que el césped cuidado es nocivo para el medio ambiente, ya que requiere el uso de productos químicos peligrosos y aguas residuales. Lo que el señor Green ve en el jardín del señor Brown son malas hierbas invasoras, nocivas y repulsivas, pero lo que ve el señor Brown es una hermosa y resistente variedad de flores silvestres autóctonas. Cuando se produjo un conflicto similar en *El Gran Gatsby*, Gatsby envió a sus propios jardineros a ocuparse de la hierba del vecino, pero aunque el señor Green pudiera permitírselo, esa solución no funcionaría dados los principios filosóficos del señor Brown. En lugar de discutir si el césped cuidado es sostenible o no, el señor Green podría simplemente plantar algunos setos para bloquear la vista del jardín del señor Brown y reorientar su obsesión por mantenerlos bien recortados.

Sin embargo, como hemos visto antes en este capítulo, los perjuicios causados por interpretaciones sesgadas van mucho más allá del nivel de fealdad en el vecindario. Los prejuicios contra determinados grupos pueden convertirse fácilmente en asuntos de vida o muerte. ¿Qué debemos hacer cuando otros tienen opiniones que nos repugnan moralmente? Todos sabemos lo difícil que es cambiar la visión del mundo de alguien. Muchos de nosotros hemos aprendido a no sacar el tema de la política en la cena de Acción de Gracias si queremos volver a ver a ciertos miembros de nuestra familia.

Por eso, a veces necesitamos políticas y normativas a nivel sistémico. Por ejemplo, es enormemente difícil convencer a alguien de que se ponga una vacuna del Covid si cree que las vacunas son perjudiciales. La amiga de la amiga de mi amiga tiene un doctorado en biología y una teoría elaborada y totalmente falsa sobre cómo las vacunas Covid de ARNm dañan permanentemente nuestros genes. Aun así, su hija acabó vacunándose porque su universidad se lo exigía para poder volver al campus. Este es un ejemplo de cómo un cambio a nivel sistémico puede proteger la salud pública, incluso cuando las opiniones de las personas son muy divergentes. Del mismo modo, la Ley de Igualdad de Oportunidades en el Empleo de 1972, que aborda la discriminación por motivos de raza, religión, color, sexo u origen nacional, es otro enfoque a nivel sistémico. Ni qué decir tiene que debemos seguir educando a la gente para contrarrestar sus prejuicios; necesitamos eliminar los prejuicios de la gente en la medida de lo posible, pero las interpretaciones sesgadas basadas en nuestras creencias sobre nuestra salud, valores intrínsecos y seguridad están arraigadas y a menudo son inmutables una vez que se han formado. Además, muchos de esos prejuicios son de origen sistémico, están arraigados en nuestra historia, cultura, economía y política. Los cambios a nivel sistémico también tienen sus retos asociados. Por un lado, existe el problema recurrente de que estas decisiones deben tomarlas personas que también son propensas a cometer interpretaciones sesgadas.

Sin embargo, a veces, la única manera de contrarrestar un sistema es con otro; uno que esté diseñado explícita, equitativa e intencionadamente para proteger el bien común.

7

LOS PELIGROS DE ADOPTAR UN PUNTO DE VISTA:

Por qué los demás no siempre entienden lo que a nosotros nos resulta obvio

Mi marido y yo fuimos una vez a una cena de celebración con otras dos parejas. Nuestros anfitriones son famosos en nuestro grupo por crear y dirigir noches de juegos ingeniosos. Esa noche, nos enseñaron un juego de cata de vinos. A cada pareja se le habían dado cuatro copas, con las etiquetas A, B, C y D, llenas con distintas variedades de vino tinto. Uno de los integrantes de la pareja tenía que probarlo y escribir la descripción de su sabor en cuatro fichas. Las descripciones no eran más que eso, descripciones, y en las fichas no había pistas que indicasen si se referían al vino A, B, C o D. Luego, la otra persona tenía que catar los vinos e intentar emparejarlos con las descripciones de su pareja.

Una de las parejas era muy conocedora de vinos. Son propietarios de una gran bodega y viajan a bodegas de todo el mundo. El marido probó los vinos y los describió utilizando el argot propio de los expertos vinícolas: cuerpo medio, añejado en roble, austero, mantecoso, herbáceo. Resultó bastante intimidante cuando su mujer leyó las descripciones en voz alta, pero, a pesar de todo, solo fue capaz de emparejar una sola descripción con el vino con el que se correspondía. Era un juego complicado.

La segunda pareja eran profesores de inglés y el marido compuso un pequeño poema para cada vino. Comparó uno con el valle que contemplaban desde la cabaña en la que se alojaron para celebrar uno de sus aniversarios, y otro con la alegría que compartieron cuando superaron una experiencia difícil. Era asombroso que pudiera escribir poemas tan espléndidos sobre la marcha, y su mujer los leyó en voz alta con una voz y una entonación preciosas. Todos nos quedamos boquiabiertos, pero no acertaron ninguna.

Mi marido y yo ya llevábamos quince años casados y ambos somos profesores de psicología. A menudo nos preguntan si podemos leer la mente de los demás, y siempre respondemos que no. Si algo nos ha enseñado nuestro trabajo es el exceso de confianza que tiene la mayoría de la gente cuando se trata de saber lo que hay en su propia mente, por no hablar de la de los demás, pero mi marido me conoce muy bien, y una cosa que tiene clara sobre mí es que no sé nada de vinos. Tengo unas papilas gustativas que funcionan como las de todos, pero soy igual de feliz con una mezcla blanca barata de caja que con una cosecha cara. Y lo que es todavía peor, ni siquiera me gusta el vino tinto.

Mi marido tardó menos de un minuto en rellenar las fichas. Sonreí cuando las leí y las emparejé todas correctamente. Lo que él había escrito era: «el más dulce», «segundo», «tercero» y «el menos dulce».

¿Cómo de mal se nos da comunicarnos?

Nos comunicamos con otras personas todo el tiempo. Hablamos o escribimos sobre nuestras nuevas ideas o sentimientos, y también escuchamos y leemos lo que nos comunican. A pesar de ser algo que hacemos toda la vida, no nos damos cuenta de lo difícil que es. Las otras parejas de aquella cena estaban bastante amargadas después del juego de emparejar vinos, pues les resultaba inconcebible que sus cónyuges no hubieran entendido sus perfectas descripciones. Los enófilos se quejaron de que su actuación había sido decepcionante *solo* porque los vinos no habían tenido tiempo suficiente para respirar. Por desgracia, los errores de comunicación son más comunes de lo que pensamos, incluso entre personas que conocemos. Para empezar, voy a hablar de dos estudios que demuestran claramente lo mal que se nos da comunicarnos.

Podemos comenzar analizando las comunicaciones escritas, como los correos electrónicos o los mensajes de texto. Utilizamos los mensajes de texto con nuestros amigos y familiares para ponernos al día, hacer preguntas o bromear. Al hacerlo, muchos de nosotros utilizamos el sarcasmo, como «qué pena tener que perderme esa reunión» o «mi jefe lo ha vuelto a hacer». Cuando enviamos mensajes con frases sarcásticas, asumimos que el destinatario sabe que estamos siendo sarcásticos, al igual que cuando recibimos mensajes de texto, también asumimos que somos bastante buenos detectando el sarcasmo, pero ¿es realmente así?

En un estudio, se evaluó la capacidad de los participantes para reconocer el sarcasmo [57] utilizando frases escritas por sus propios amigos. El grupo se dividió en parejas. A una persona se le pidió que enviara por correo electrónico a su pareja una serie de mensajes de una sola frase, algunos sarcásticos y otros serios. Los remitentes estaban seguros de que sus compañeros sabrían si eran sarcásticos o no; al fin y al cabo, eran amigos y conocían su sentido del humor. Los destinatarios de los mensajes también estaban bastante seguros de sus juicios. Sin embargo, cuando se contabilizaron las puntuaciones, su precisión se situó simplemente en un nivel de azar, es decir, 50-50, lo mismo que si se lanzara una moneda al aire. Da miedo pensar que la mitad de las bromas sarcásticas que hemos tuiteado, enviado por mensaje de texto o por correo electrónico podrían haberse tomado en serio, y que la mitad de nuestras afirmaciones serias podrían haberse confundido con sarcasmo.

Si te hace sentir mejor, no tienes que asustarte por todas las cosas sarcásticas que has dicho en toda tu vida, porque este resultado solo se producía cuando los mensajes se entregaban por escrito. Cuando frases igualmente sarcásticas o serias se emitían a través de un mensaje de voz, la gente las entendía según su intención. Eso se debe a que, al menos en inglés, existe una entonación sarcástica bastante reconocible que utilizan los hablantes, sílabas ligeramente alargadas y un tono más alto, y la mayoría de la gente reconoce lo que indica ese tono.

Dicho esto, todavía puedes seguir un poco asustado. Otro estudio descubrió que los fallos pueden producirse en muchos casos, incluso cuando utilizamos la voz y tratamos de adecuar nuestro tono a nuestra intención. Este estudio utilizó frases ambiguas[58] que aparecen con frecuencia en conversaciones cotidianas, como «¿Te gusta mi nuevo conjunto?». Cuando tu pareja o amiga te hace esa pregunta, puede ser porque le preocupa que el conjunto no le favorezca, porque cree que es perfecto y está buscando un cumplido o porque le molesta que ni siquiera te hayas fijado en lo que lleva puesto. De hecho, hay muchas expresiones que utilizamos que son bastante ambiguas cuando se piensa en ellas, como «Déjame en paz, por favor». Puede significar «estoy ocupado» o «estoy enfadado contigo». Una simple pregunta como «¿Qué tal la ensalada?» podría significar «¿No está horrible la ensalada?» o «¿Por qué no dices nada bueno de la ensalada que he preparado?». O, literalmente, podrías estar preguntando lo buena o mala que está la ensalada. Y, a diferencia del sarcasmo, no existe una entonación consensuada para cada uno de esos significados.

En el estudio, a una persona de cada pareja de participantes se le daban varias frases como las anteriores y se le pedía que transmitiera un determinado significado al oyente diciéndolas en voz alta. Los oyentes tenían que adivinar cuál de las cuatro interpretaciones posibles pretendía el orador. El oyente podía ser un desconocido al que el orador acababa de conocer en el laboratorio o un conocido cercano, como un amigo o su cónyuge. Cuando eran cónyuges, las parejas llevaban casadas una media de 14,4 años.

Al igual que en el estudio sobre el sarcasmo, los hablantes estaban seguros de que los oyentes habían entendido lo que pretendían transmitir. No es sorprendente que estuvieran aún más seguros cuando los oyentes eran sus amigos o cónyuges. Por el contrario, no había absolutamente ninguna diferencia entre conocidos y desconocidos a la hora de adivinar la intención del mensaje. De media, los oyentes adivinaron correctamente el significado de menos de la mitad de las frases. Es decir, incluso después de catorce años de matrimonio, tu cónyuge puede malinterpretar tu tono de voz, y por tanto el significado de tus frases potencialmente ambiguas, hasta la mitad de las veces.

La maldición del conocimiento

Obviamente, nadie quiere malinterpretar a sus amigos y familiares, al igual que tampoco nadie quiere ser malinterpretado. Entonces, ¿por qué ocurre esto? Siempre que percibimos algo, lo interpretamos a la luz de lo que ya sabemos (como hablamos en el capítulo 6). Como lo hacemos de forma automática e inconsciente, podemos creer que todos los demás, incluso una persona que no sabe lo que nosotros sabemos, vería la situación de forma similar a como la vemos nosotros.

Los estudios que demuestran este sesgo egocéntrico se han llevado a cabo con niños pequeños. La tarea clásica es la siguiente:

Sally tiene una canica. Sally mete la canica en su cesta.
Sally sale a dar un paseo.
Anna saca la canica de la cesta y la mete en la caja que
está al lado de la cesta.
Sally regresa. Quiere jugar con su canica.
¿Dónde buscará Sally la canica?

La respuesta correcta, obviamente, es que la buscará en la cesta, no en la caja, pero la mayoría de los niños menores de 4 años responden que Sally buscaría su canica en la caja, porque ellos saben que está ahí. Tienen dificultades a la hora de pensar que otros pueden tener falsas creencias, creencias que son distintas a la realidad que ellos conocen. Si los lectores han oído hablar del término «teoría de la mente», a esto es a lo que se refiere: a pensar en lo que a otra gente se le puede estar pasando por la mente.

Como los errores que cometieron los niños son demasiado obvios, puedes pensar que los adultos no los cometerían, pero un estudio posterior demostró que incluso estudiantes universitarios presentaban las mismas dificultades[59]. A los participantes se les habló sobre una chica llamada Vicki. Estaba ensayando con su violín en una habitación en la que había cuatro fundas de distinto color. Cuando Vicki terminó de ensayar, guardó su violín en la funda de color azul y salió de la habitación. Mientras Vicki estaba fuera, Denise entró y cambió el violín de funda. Llegados a este punto, se le dijo a una mitad de los participantes que la funda en la que Denise había colocado el violín era la roja (a estos participantes los llamaremos a partir de ahora grupo conocedor); a la otra mitad no se le dijo qué funda eligió Denise (grupo ignorante). Luego, a los participantes tanto del grupo conocedor como del ignorante se les dijo que Denise había recolocado las fundas de manera que la roja estuviera donde la azul solía estar. Por último, se les pidió que calcularan la probabilidad que había de que Vicki mirase cada una de las fundas cuando volviera a la habitación para buscar su violín. La respuesta correcta, como es lógico, es que miraría en la funda azul. Sin embargo, los integrantes del grupo conocedor, aquellos que sabían que el violín estaba en el estuche rojo, no pudieron ignorar del todo esa información; así que consideraron más probable que Vicki buscase el violín en la funda roja que los del grupo ignorante. Esa es la maldición del conocimiento: una vez que sabes algo, te cuesta ver las cosas desde el punto de vista de una persona que no lo sabe, incluso si eres un adulto.

Quien haya jugado al juego de mesa Pictionary debe de haber experimentado lo que se siente al sufrir la maldición del conocimiento. En este juego, una persona trata de representar a partir de un dibujo la frase o la palabra que aparece en las cartas del juego. Luego, los otros miembros del equipo tienen que adivinar, a partir del dibujo, lo que está escrito en la carta. Supongamos que el dibujo incluye la cara de una persona que tiene el pelo largo. Aparentemente, parece que esa persona es una mujer, porque el artista le ha dibujado pechos. A su lado hay cuatro personas más pequeñas que también tienen el pelo largo y pechos. ¿Qué diablos representa? Cuando el equipo se queda sin tiempo y nadie ha dado con la respuesta correcta, la persona que lo dibujó saca a relucir la maldición del conocimiento cuando grita a sus compañeros de equipo «¿Cómo habéis podido fallar cuando es taaaan obvio? La respuesta es *Mujercitas*, cuatro hijas con su madre».

En la siguiente ronda, una persona que dice ser mejor artista saca otra carta y dibuja la cara de un león. Un compañero de grupo grita «león», pero no es la respuesta correcta. Otros integrantes del equipo piden al dibujante que añada algo más al dibujo, pero el artista sigue señalando la elaborada cara del león, como si estuviera diciendo que era obvio que no necesitaban nada más. Otra persona hace otro intento: «¡Melena!». Incorrecto. El artista vuelve a señalar y clava el bolígrafo tan fuerte en el dibujo que agujerea el papel. Así de frustrante puede llegar a ser la maldición del conocimiento. Aun así, nadie lo adivina. (Por cierto, la respuesta era *Las Crónicas de Narnia*).

Por supuesto, el Pictionary está pensado para ser un reto porque es un juego y, además, no a todo el mundo se le da bien dibujar. He aquí un famoso estudio que apenas requiere habilidades. De hecho, los lectores pueden probarlo en casa o dondequiera que estén si encuentran a alguien que tenga dos minutos libres. En este estudio se pide a los participantes que elijan una canción conocida que cualquier compañero con quien lo emparejen al azar para el experimento pueda reconocer. Digamos que Mary es una de las participantes y elige la canción infantil *Mary tenía un corderito*. Mary marca con golpes el ritmo de la canción sin cantarla y su pareja tiene que adivinar cuál es.

Ahora los lectores pueden marcar con golpes el ritmo de la canción que deseen. Parece que casi todo el mundo debería ser capaz de adivinarla, ¿verdad? En el estudio real, los encargados de marcar con golpes el ritmo de las canciones calcularon que alrededor del 50 % de los oyentes deberían ser capaces de adivinar correctamente la que estaban interpretando, pero ¿acertó la mitad de los oyentes? Bueno, parecía sencillo solo porque los intérpretes sabían de qué canción estaban marcando el ritmo. En el estudio se marcó el ritmo de 120 canciones y solo se acertaron 3^{60}. Los que se encargaban de marcar el ritmo de las canciones tenían la sensación de que cualquiera podía adivinar su canción, simplemente porque la respuesta estaba sonando en sus mentes.

Si a tu compañero le sobran otros dos minutos, pídele que elija una canción y que te marque el ritmo, para que puedas experimentar lo que se siente al estar al otro lado. Cuando hacemos este ejercicio en mi clase, una de las respuestas erróneas más comunes es *We Will Rock You*, de Queen, porque en realidad empieza con golpes que marcan el ritmo y sin melodía. Incluso el *Cumpleaños feliz* puede sonar a rock duro.

La maldición del conocimiento nos hace confiar demasiado en la claridad de los mensajes que transmitimos. Por ejemplo, quien está marcando el ritmo puede cometer un pequeño error rítmico que despiste por completo al oyente, pero pensar que no es para tanto, ya que ha hecho exactamente lo mismo siete segundos antes. Una vez más, esta persona asume que el oyente puede oír la música que está sonando en su cabeza, igual que el artista del Pictionary, que está viendo una imagen mental de la cubierta del libro de *Las Crónicas de Narnia* con la imagen de Aslan en ella, no puede imaginar qué más podría añadir a su boceto para hacerlo más claro.

El juego de la cata de vinos con el que empezó este capítulo también ilustra la maldición del conocimiento. La ventaja que teníamos mi marido y yo era nuestra falta de conocimientos sobre el tema. Mi marido, que sabía claramente lo poco sofisticada (bueno, más bien ignorante) que soy en materia de vinos, no tuvo más remedio que utilizar lo que podríamos llamar vocabulario vinícola para tontos, decisión que resultó ser la mejor estrategia.

De hecho, las personas inteligentes que saben mucho no son necesariamente buenos profesores o entrenadores, en parte debido a la maldición del conocimiento. He oído quejas de estudiantes universitarios sobre una asignatura impartida por un premio Nobel: absolutamente brillante, pero totalmente incomprensible. Una de mis antiguas alumnas recibió clases de violín de un maestro que había ganado varios premios Grammy. Cuando le pregunté si era un buen profesor, me respondió con tacto: «Ha nacido para tocar el violín».

Olvidarnos de pensar en el otro punto de vista

A menudo, nuestros fallos de comunicación se producen simplemente porque no tenemos en cuenta el punto de vista de la otra persona. Estoy hablando de casos realmente absurdos, en los que ya sabemos lo que la otra persona sabe, piensa, ve o le gusta, no del tipo de situaciones que he estado describiendo hasta ahora, en las que una persona no podía saber lo que la otra estaba pensando. Además, en los casos que voy a exponer a continuación, nuestras acciones dependen de lo que la otra persona tenga en mente, por lo que debemos tenerlo en cuenta, pero incluso en esos casos, podemos olvidarnos de pensar en el punto de vista de la otra persona.

Un ejemplo de este fenómeno[61] es la paradoja del prestigio. A los participantes en un estudio se les pidió que reflexionaran sobre la siguiente situación:

> Imagina que te acabas de mudar a Denver y vas a una actividad social en un bar del centro. Tienes muchas ganas de hacer nuevos amigos. Mientras te preparas, intentas decidir cuál de los dos relojes que tienes deberías llevar. Uno es un reloj de diseño caro y el otro es un reloj común barato. Ambos combinan con tu atuendo. ¿Hasta qué punto se sentiría la gente atraída por hacerte amigo si llevaras el reloj de diseño? ¿Y el reloj común?

Si has elegido el reloj de diseño, eres como la mayoría de los participantes en el estudio. Se obtuvieron los mismos resultados poniendo como ejemplos una camiseta de Saks Fifth Avenue frente a una de Walmart, un BMW frente a un VW Golf o un Canada Goose frente a un abrigo Columbia. Al igual que los pavos reales muestran sus plumas iridiscentes, los seres humanos quieren señalar su alto estatus a otras personas exhibiendo artículos de lujo, como un bolso de mano con la marca Prada impresa, un Rolex con su icónico logotipo de la corona o un Ferrari de color rojo brillante con puertas de ala de halcón.

Lo paradójico, sin embargo, es el resultado de otro grupo de participantes. Habían sido seleccionados del mismo grupo (por lo que probablemente tenían gustos y valores similares a los del primer grupo), pero elegidos al azar para que se les formulara una pregunta diferente, concretamente hacia qué persona se sentirían más atraídos. Sus respuestas fueron opuestas. Preferían ser amigos de alguien que llevara un reloj genérico en lugar de un Rolex, una camiseta de Walmart en lugar de una de Saks Fifth Avenue o alguien que condujera un VW Golf en lugar de un BMW.

Cuando elegimos qué ponernos para parecer atractivos a posibles nuevos amigos, podemos quedar atrapados en la perspectiva egocéntrica de querer señalar nuestro elevado estatus y hacer una elección equivocada. ¿Cómo nos sentiríamos si un posible nuevo amigo se presentara en un bar con un reloj Tag Heuer o una camiseta negra con un estampado dorado de Gucci? Solo si nos detenemos un momento y adoptamos la perspectiva contraria sabríamos qué reloj elegir. Incluso cuando intentamos impresionar a alguien (o quizá *especialmente* cuando intentamos impresionar a alguien) no podemos olvidar tener en cuenta su punto de vista.

El siguiente estudio también muestra cómo la gente se olvida de tener en cuenta los puntos de vista de los demás[62], incluso cuando debería poder hacerlo. También sugiere que la cultura en la que creciste puede tener algo que ver. Los participantes eran estudiantes universitarios de la Universidad de Chicago a los que se les dijo que iban a participar en un juego de comunicación. Cada uno estaba sentado frente a un «director», que era una de las personas encargadas del experimento. Entre ellos había un marco de madera de unos veinte centímetros cuadrados y cinco centímetros de profundidad, en posición vertical. En su interior había cuatro filas de cuatro celdas divididas uniformemente, como se muestra en la figura. Algunas de esas dieciséis celdas contenían objetos pequeños, como una manzana, una taza o un cubo. La tarea del participante consistía en mover los objetos por las celdas siguiendo las instrucciones del director. Por ejemplo, el director podía decir: «Mueve la botella una celda a la izquierda», y el participante buscaba la botella, la cogía y la movía a la izquierda. Tanto el participante como el director podían ver estas acciones, y la única tarea del participante era seguir las instrucciones del director.

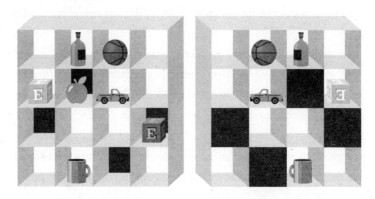

Nota: El punto de vista de los participantes es el que aparece a la izquierda, mientras que el de los directores es el de la derecha.

Después de algunas rondas de calentamiento, el director indicaba: «Mueve la manzana una celda hacia arriba». Solo había una botella y una manzana, así que no había que elegir, pero en esta ocasión había dos cubos, tal y como se muestra en la parte izquierda de la figura. A caso hecho, una de las celdas de los cubos, la de la tercera fila desde arriba, estaba oculta a la vista del director (tal y como se muestra en la parte derecha de la figura). Los participantes podían ver claramente que la celda estaba oculta; ya que incluso habían desempeñado el papel de director durante una de las rondas de calentamiento, por lo que sabían lo que era estar al otro lado del marco. En vista de aquello, el participante debería haber sabido inmediatamente a qué cubo se refería el director: al de la segunda fila desde arriba, ya que es el único que el director podía ver.

Los encargados de llevar a cabo el experimento cronometraban cuánto tiempo tardaban los participantes en completar las tareas en cada una de las rondas. Luego los encargados comparaban el tiempo de reacción de los participantes cuando estaban haciendo el experimento con el marco conflictivo (es decir, el de la celda oculta) con la marca de tiempo de reacción que los participantes habían tenido al hacer el experimento con el marco en el que no había ninguna celda oculta a ojos del director. Aunque la respuesta debería ser obvia, cuando los participantes realizaban el experimento con el marco conflictivo tardaban un 130 % más de tiempo en colocar el cubo correcto que cuando lo realizaban sin la celda oculta. Además, dos tercios de los participantes preguntaron sin reparo: «¿Qué cubo?»; hasta en varias ocasiones. Algunos se olvidaron tanto del punto de vista del director que incluso colocaron el cubo en la celda que el director no podía ver.

Curiosamente, esta confusión solo se produjo con hablantes nativos de inglés. Los investigadores también evaluaron a estudiantes de la Universidad de Chicago nacidos y criados en China continental y que llevaban menos de diez meses en Estados Unidos. Cuando a estos participantes chinos se les presentaba la misma tarea en mandarín, sus tiempos de reacción eran idénticos, estuviera o no presente la celda oculta. En otras palabras, ignoraron por completo los objetos que estaban ocultos desde la perspectiva del director y actuaron como si estuvieran viendo exactamente lo mismo que el director. Solo un participante chino preguntó: «¿Qué cubo?», y supongo que se sintió bastante avergonzado cuando se dio cuenta de lo que había preguntado.

La razón de esta diferencia cultural tendría sentido para quienes entienden la diferencia entre sociedades colectivistas e individualistas. Algunas culturas, como Corea del Sur, Japón, India y China, son colectivistas. Las personas de estas culturas han desarrollado un fuerte sentido de pertenencia, y se les recuerda regularmente sus deberes o responsabilidades para con el grupo. Se presta una atención constante a las normas sociales.

Por poner un ejemplo sencillo, basta pensar en el momento de pedir la comida en un restaurante. En Estados Unidos, cada persona pide su propio plato, y se tiende a evitar pedir el mismo plato que otra persona; si la primera persona que da su pedido al camarero pide lo que la siguiente persona estaba pensando pedir, la siguiente persona dice: «Oh, si tú vas a pedir eso, entonces yo voy a pedir esto otro». Si realmente quieren el mismo plato, pueden sentirse obligados a disculparse por no ser más originales. En Corea y China, lo normal es compartir los platos principales, aunque se pidan platos individuales para una comida más ligera, como el almuerzo; una vez que una persona mayor o quien esté más arriba en la jerarquía pide su plato, todos los demás tienden a pedir lo mismo.

La lealtad y la conformidad con el grupo se valoran en las culturas colectivistas hasta el punto de sacrificar a veces la intimidad y los derechos individuales. Durante la pandemia, casi todos los surcoreanos siguieron las órdenes del gobierno de llevar mascarillas y cerrar sus negocios. Un líder de un grupo religioso que celebró reuniones en interiores y provocó un brote tuvo que arrodillarse en el suelo en la televisión nacional y pedir perdón. Se impuso un sistema de registro de entrada basado en códigos QR en tiendas, restaurantes, discotecas, salas de karaoke y cualquier otra zona de alto riesgo. Cuando se detectaban grupos positivos de Covid, se notificaba a los visitantes de esos lugares que debían someterse a una prueba de Covid. Ese nivel de conformidad social sería inimaginable en una sociedad individualista como la estadounidense.

Para encajar en estas sociedades colectivistas, los miembros tienen que estar constantemente pendientes de lo que piensan los demás y de cómo piensan los demás de sí mismos. La socialización necesaria para ajustarse a estas normas comienza a una edad muy temprana. Tal vez como resultado de este entrenamiento constante para leer las mentes de los demás, las personas de las sociedades colectivistas se vuelven tan hábiles a la hora de adoptar los puntos de vista de los demás que es casi un reflejo.

Lo que funciona

¿Cómo podemos entender mejor lo que piensan, pretenden, creen y sienten los demás? El hecho de que quienes crecieron en culturas colectivistas sean mejores en esto significa que estas habilidades pueden enseñarse y aprenderse, pero no podemos trasladarnos a una sociedad colectivista o enviar a nuestros hijos a vivir en una durante varios años solo para mejorar su capacidad de percibir los pensamientos y sentimientos de los demás. Y, como algunos lectores pueden sospechar, la hipersensibilidad a lo que piensan los demás también tiene sus inconvenientes. Para los que viven en sociedades individualistas, la presión tácita que se ejerce sobre los que viven en sociedades colectivistas para que pidan el mismo plato que los demás en un restaurante puede sonar extraña, si no descabellada. Que los demás conozcan constantemente nuestro paradero, incluso durante una emergencia de salud pública, puede sonar al *1984* de George Orwell. También hemos visto informes que sugieren que ser demasiado consciente de las opiniones de los demás puede provocar graves problemas de salud mental; como mínimo, puede hacernos vulnerables al acoso, ya sea en el mundo real o en Internet. Está claro que no debemos dejarnos llevar demasiado cuando se trata de averiguar lo que piensan los demás. No obstante, debemos asegurarnos de que tenemos el nivel esencial y rudimentario de comprensión de lo que piensan los demás que es necesario para llevar a cabo interacciones sociales normales.

Empecemos con algunas soluciones para niños pequeños. ¿Recuerdas los problemas que tienen los niños de 2 a 3 años para entender que otras personas pueden tener creencias falsas, creencias diferentes de la realidad que ellos sí conocen? Un estudio ha descubierto que a los niños de esta edad se les puede enseñar a entender las falsas creencias[63] en menos de un par de semanas. Curiosamente, el estudio se realizó en el contexto de ayudarles a aprender a mentir. Hay que tener en cuenta que mentir requiere la comprensión básica de que, aunque nosotros sepamos la verdad, puede que otras personas no la sepan. Como los niños de 2 a 3 años no entienden esto, no pueden mentir.

En el estudio, los niños de 3 años aprendieron primero un juego en el que la persona encargada del experimento escondía un caramelo debajo de una de las dos tazas. Si un niño adivinaba debajo de qué taza estaba escondido el caramelo, podía quedárselo. A continuación, se pedía al niño que escondiera el caramelo para que la persona encargada del experimento adivinara debajo de qué taza estaba. Cuando el niño terminaba de esconder el caramelo, el encargado del experimento le preguntaba dónde estaba. Todos los niños sabían que podían quedarse con el caramelo si la persona que realizaba el experimento se equivocaba, pero casi siempre señalaban la taza correcta, la que contenía el caramelo. A pesar de que acababan de esconder el caramelo, estos niños de 3 años creían falsamente que quien hacía el experimento ya sabía dónde estaba. No podían imaginar que alguien pudiera creer algo que ellos sabían que no era cierto, así que casi siempre decían la verdad.

Después de que los investigadores utilizaran este tipo de juego para asegurarse de que los niños de su estudio no podían mentir en él, les entrenaron en seis sesiones, espaciadas a lo largo de once días. El entrenamiento constaba de varias tareas. Por ejemplo, quien realizaba el experimento mostraba a los niños una caja de lápices y les pedía que adivinaran qué había dentro. Los niños decían que eran lápices. A continuación, abría la caja y les mostraba que en realidad contenía otra cosa, por ejemplo, lazos.

Después, les preguntaba si pensaban que la caja contenía lazos y si otra persona que no hubiera visto el interior de la caja habría pensado que contenía lazos. Si los niños no daban las respuestas correctas (es decir, no y no), cosa que no suelen hacer a esa edad porque no comprenden las falsas creencias, se les corregía con algún comentario y se repetía la tarea. En otra parte del entrenamiento, a los niños se les contaban historias llenas de vocabulario relacionado con estados mentales (*gustar, querer, sentir*) y se les pedía que crearan frases utilizando esos vocabularios de estados mentales. Cuando los niños del experimento terminaron el entrenamiento y volvieron a realizar la prueba de «esconder el caramelo debajo de una taza», ¡engañaron al responsable del experimento en casi todas las pruebas!

Obviamente, no está bien enseñar a los niños a mentir y engañar, pero eso no es lo que les enseñaron los investigadores; los niños simplemente aprendieron a comprender los estados mentales de los demás. Como señalan los investigadores, hasta cierto punto, saber mentir es una habilidad social importante. Nos preocuparía seriamente la salud mental o las habilidades sociales de un amigo que no entendiera la lógica de una fiesta de cumpleaños sorpresa y supusiera que el cumpleañero lo sabría en cuanto sus amigos empezaran a organizarla, aunque nadie se lo hubiera dicho. Una fiesta de cumpleaños sorpresa implica cierta deshonestidad, pero es posible precisamente porque sabemos que los demás pueden tener creencias distintas de las nuestras.

Sobre todo, lo que los niños desarrollaron con el entrenamiento es lo que se conoce como teoría de la mente cognitiva: la comprensión de que otras personas pueden entender el mundo de forma diferente a nosotros. Sin embargo, si queremos sentir empatía o compasión por los demás, también necesitamos desarrollar la teoría de la mente emocional: la comprensión de que las personas pueden tener sentimientos diferentes y el conocimiento de lo que es probable que sientan en cada situación.

Esta distinción entre teoría de la mente cognitiva y emocional es crucial para comprender a los psicópatas. Mentir y engañar requiere que entendamos las mentes de los demás, y cuando se trata de la teoría de la mente cognitiva, los psicópatas son casi tan buenos como los no psicópatas, es decir, son hábiles a la hora de interpretar lo que piensan los demás y predecir cómo razonarían, razón por la cual son capaces de manipularlos. Sin embargo, de lo que carecen los psicópatas es de teoría de la mente *emocional*. Son crueles, fríos y despiadados porque son ajenos a los sentimientos de los demás.

La teoría de la mente emocional (comprender los sentimientos de los demás y sentir compasión por ellos) también puede mejorarse pensando detenidamente en las circunstancias de otras personas. Deja que lo ilustre de manera más concreta[64] con un estudio en el que se pidió a los participantes que pensaran en los refugiados sirios. En 2016, había 5,5 millones de refugiados sirios, una cuarta parte de todos los refugiados del mundo. Se preguntó a los participantes si estarían dispuestos a escribir una carta al presidente, que por aquel entonces era Barack Obama, y pedirle que acogiera a refugiados sirios en Estados Unidos. Solo el 23 % de los demócratas del estudio dijo que sí. Sin embargo, algunos de los participantes del estudio recibieron instrucciones especiales adicionales antes de que se les pidiera que escribieran una carta; se les dijo que se pusieran en el lugar de uno de esos refugiados: «Imagina que eres un refugiado que huye de la persecución en un país asolado por la guerra. ¿Qué llevarías contigo, limitado solo a lo que puedas cargar, en tu viaje? ¿Adónde huirías? ¿O te quedarías en tu país de origen? ¿Cuál crees que sería el mayor reto para ti?». El porcentaje de demócratas de ese grupo dispuesto a escribir una carta al presidente fue 50 % mayor. Ponerse en la situación de otra persona puede aumentar los comportamientos prosociales. (El efecto fue más débil entre los republicanos, probablemente porque tienden a tener opiniones contrarias a la inmigración, y no porque adoptar un punto de vista no fomente la empatía entre los conservadores).

Lo que no funciona

Hasta ahora he explicado que es posible mejorar nuestra comprensión de la mente de los demás tanto a nivel cognitivo como emocional, pero existe una limitación importante. El tipo de comprensión del que he hablado es extremadamente básico. En el caso de los refugiados sirios, su situación es tan devastadora y atroz que casi cualquier ser humano podría sentir empatía. Asimismo, cualquier niño con un desarrollo normal aprende que los pensamientos de los demás pueden ser diferentes a los suyos antes de empezar preescolar. ¿Podemos ir más allá de este nivel rudimentario y reconocer lo que otros piensan o sienten simplemente tratando de ponernos en su situación?

Parece que la respuesta debería ser afirmativa. Precisamente porque creemos que es posible, a menudo nos quejamos a quienes son ajenos a nuestras necesidades: «¿Por qué no puedes intentar ver esto desde mi punto de vista?». Cuando nos tortura un jefe que espera demasiado de nosotros, nos preguntamos cómo pueden haber olvidado lo que era estar en el punto de partida. No parece que sea mucho pedir que tengan un poco de comprensión. Sin embargo, nuestras intuiciones al respecto son erróneas, o al menos no están respaldadas por pruebas. Un equipo de tres investigadores[65] demostró mediante veinticuatro experimentos que nuestra capacidad para comprender lo que piensan o sienten los demás no puede mejorarse simplemente adoptando un punto de vista.

Por cierto, es el mayor número de experimentos que he visto reflejado en un solo artículo. (En realidad, eran veinticinco experimentos; hablaré del último al final del capítulo). La razón por la que tuvieron que incluir tantos fue porque la afirmación que hacían era contraintuitiva. Además, si algún estudio no daba ningún resultado sobre la adopción de un punto de vista, podía deberse a razones metodológicas y no a que realmente no hubiera ningún resultado: quizá los participantes no se esforzaron lo suficiente o la tarea era demasiado difícil o tal vez solo fuera imposible entender la mente de los demás en ese caso concreto. Una forma elegante de decir esto es que los estudios intentan demostrar un efecto nulo, y en ciencias sociales, los efectos nulos son notoriamente difíciles de demostrar. Como analogía, imagina que tu madre asegura que alguien ha tirado sus calcetines favoritos porque los ha buscado «por todas partes»: en la cómoda, en los cajones de la mesilla de noche, debajo de la cama y en el cesto de la ropa sucia. Tu padre podría decir que eso no es «por todas partes» y pedirle que busque dentro de la cómoda de tu hermano, en los bolsillos de su abrigo, en la cama del perro y entre las sábanas de la cama, pero incluso después de haber buscado en todos esos lugares, tu madre no podrá decir que buscó «en todas partes». Ahora resulta más fácil entender que es mucho más difícil demostrar que los calcetines no están en la casa que demostrar que los calcetines están en la casa. Pues lo mismo ocurre con la demostración de efectos nulos a partir de experimentos.

Mi conclusión sobre este artículo es que los autores lo intentaron casi todo, y que echaron mano de numerosas pruebas. Utilizaron la prueba de la falsa creencia, en la que los participantes debían ser capaces de imaginarse a sí mismos en la posición de alguien que tiene una falsa creencia sobre la realidad, aunque los participantes sabían cuál era la realidad. Otra prueba famosa que utilizaron se llama «Lectura de la mente a través de los ojos»; prueba que se desarrolló inicialmente para estudiar a niños con autismo. En ella se presenta una imagen de un par de ojos a un sujeto y se le pide que seleccione la etiqueta emocional que mejor los describe. (Los lectores pueden encontrar fácilmente esta prueba en Internet y realizarla gratuitamente; para medir la inteligencia emocional se utiliza una prueba similar). También se evaluó la capacidad de las personas para detectar sonrisas falsas o mentiras. Otras pruebas implicaban interacciones interpersonales más realistas. Se pedía a los participantes que adivinaran las preferencias de sus parejas entre actividades como jugar a los bolos o fregar los platos, o que hicieran predicciones sobre cómo reaccionaría su pareja ante películas como *Casino Royale* y *Legalmente rubia*, o ante chistes que algunas personas podrían considerar ofensivos pero que a otras les parecerían graciosos (como «¿Cuál es la diferencia entre una pila y una mujer? Una pila tiene un lado positivo» o «¿Por qué los hombres son como las fresas? Porque tardan mucho en madurar y, cuando lo hacen, la mayoría están podridos»), y a diversas opiniones controvertidas (como «La policía debe usar la fuerza que sea necesaria para mantener la ley y el orden»).

En los veinticuatro experimentos había dos grupos de participantes: un grupo de control en el que los participantes eran libres de utilizar cualquier estrategia para hacer conjeturas, y un grupo de adopción de un punto de vista al que se animaba encarecidamente a adoptar el punto de vista de la otra persona, como la persona cuyos ojos aparecen en la imagen, o el de su pareja a la hora de adivinar sus preferencias, reacciones y opiniones. Los participantes de este segundo grupo afirmaron que se habían vuelto menos egocéntricos y creían que haber adoptado otros puntos de vista había aumentado su precisión. Sin embargo, en todas estas pruebas, su precisión no aumentó.

Incluso mi marido y yo, dos profesores de psicología, hemos caído en esta trampa. He aquí los detalles para placer de los lectores. Yo soy la cocinera principal de la casa, y como mi marido come con frecuencia fuera debido a su trabajo, yo, que sé cocinar una gran variedad de platos, opto por cocinar los tipos de comida que a él le gustan siempre que come en casa. Y como a mis hijos no siempre les gustan los platos de mi marido, a menudo tengo que cocinar dos tipos distintos de pasta para una misma comida (espaguetis con salsa boloñesa para mis hijos y linguini con brócoli rabe y salchicha italiana para mi marido), o marinar dos versiones distintas de pollo (deshuesado y picante para mi hijo y con hueso y sin picante para mi hija y mi marido). Antes de continuar, también tengo que subrayar que mi marido es la persona más considerada y modesta que conozco, y comparte nuestras tareas domésticas a partes iguales. También me conoce muy bien (recuerda, sabía exactamente cómo comunicarme cuatro tipos diferentes de vino tinto). Cuando nuestro segundo hijo se fue a la universidad y nos quedamos solos en casa, le confesé que se me hacía increíble pensar que a partir de entonces solo tendría que preparar una versión de la cena. Mi marido dijo: «Sí, es lo bueno de que a ti y a mí nos guste el mismo tipo de comida». Me reí histéricamente al saber que mi marido, que siempre ha sido tan perspicaz sobre lo que pienso y siento, pensaba que cocinaba pollo frito y salchichas italianas porque me gustan. Al contrario, podría haberme hecho vegetariana fácilmente, y si no hubiera nadie en casa, cenaría helado de pistacho y arándanos. Entonces me di cuenta de que ¡nunca se lo había dicho! Para colmo, durante más de veinticinco años había pensado erróneamente que mi marido era consciente de los esfuerzos que yo había estado haciendo.

Aunque este ejemplo, sumado a los veinticuatro experimentos, ilustra que para captar las cosas (como cuál es la comida preferida de alguien) no basta con adoptar el punto de vista de la otra persona o ser considerado, es difícil renunciar a la idea de que exista la posibilidad de que de alguna manera podamos aprender a deducir lo que otra persona está pensando. De hecho, existen técnicas psicoterapéuticas que enseñan a las personas a reevaluar sus situaciones de una forma más objetiva, en lugar de egocéntrica, para modificar sus estilos de pensamiento destructivos. Es posible que también hayas oído hablar de programas de formación desarrollados para mejorar la inteligencia emocional, como, por ejemplo, aprender a identificar mejor las emociones a partir de las expresiones faciales. Estos programas pueden ser útiles.

También sabemos que los actores y los escritores de ficción son excepcionalmente buenos adoptando las perspectivas de otras personas, y que deben haber recibido clases y practicado para desarrollar tales habilidades. No todo el mundo puede asistir a clases de escritura creativa o de interpretación, pero ¿podemos al menos entender mejor a los demás viendo muchas obras de teatro o leyendo novelas, que consisten en ver el mundo desde la perspectiva de otra persona?

Un estudio publicado en la revista *Science* puso a prueba si podemos discernir mejor[66] los pensamientos o sentimientos de los demás leyendo ficción literaria. Los participantes leyeron un par de relatos cortos (como *El corredor*, de Don DeLillo, y *Cita a ciegas*, de Lydia Davis) y extractos de *bestsellers* recientes (como *Gone Girl*, de Gillian Flynn, y *Los pecados de la madre*, de Danielle Steel). Después, se les sometió a las pruebas de falsa creencia y a la de «Lectura de la mente a través de los ojos». Las personas encargadas de estos experimentos observaron mejoras significativas. Posteriormente, el estudio recibió bastante atención y fue ampliamente citado. No obstante, cuando leí el artículo, me pareció bastante difícil de creer porque los participantes solo leyeron las historias durante un breve periodo de tiempo. Si esto es tan fácil de conseguir, ¿por qué no hemos logrado llegar a la paz mundial?

Al final resultó que el estudio no era replicable. Un estudio más reciente publicado en la revista *Nature* evaluó cómo de replicables eran los experimentos de ciencias sociales[67] publicados en *Nature* y *Science* entre 2010 y 2015, uno de los cuales era el que acabo de describir. En este estudio no encontraron evidencias de mejora en las tareas tras leer ficción.

Aun así, y como he explicado antes, los efectos nulos son difíciles de establecer. Una posibilidad muy plausible es que el efecto de leer novelas sea real, pero requiere mucha lectura durante muchos años. Las personas de las sociedades colectivistas son mejores adivinando lo que experimentan los demás debido a toda una vida de inmersión en la cultura. Del mismo modo, las técnicas psicoterapéuticas y la formación en inteligencia emocional exigen que los participantes realicen ejercicios de forma constante durante mucho tiempo antes de que se observen mejoras. Lo mismo ocurre con los actores y los escritores de ficción: su talento para adoptar la perspectiva del lector o del público es probablemente el resultado de una larga práctica, así como de mucha tutoría y retroalimentación por parte de otros.

Lo que realmente funciona

En realidad, hay algo muy concreto que cada uno de nosotros puede hacer para mejorar nuestra capacidad de comprender la mente de los demás y transmitir nuestros pensamientos con mayor claridad, y es muy sencillo: dejar de dejar que los demás adivinen lo que pensamos y simplemente decírselos. Además, cuando envíes mensajes con bromas sarcásticas, añade emoticonos como ¯_(``)_/¯ o 😶.

Sí, a veces resulta incómodo y aburrido expresar lo que pensamos y, definitivamente, no queda bien explicar que estamos bromeando. Sin embargo, sería mucho más prudente recordar lo despistados que nos sentimos cuando alguien nos marca con golpes el ritmo de una canción. En mi caso, yo solo preguntaría: «¿Os gusta mi nueva camiseta?», si tengo verdadera curiosidad por saber lo que piensan mis amigos de la camiseta y si todavía estoy a tiempo de devolverla en caso de que el consenso sea que es un fiasco, y no como una declaración pasivo-agresiva de «no me estáis prestando suficiente atención».

Del mismo modo, deja de intentar leer la mente y los sentimientos de los demás. Si eres una persona compasiva y complaciente, resulta especialmente difícil resistirse a la tentación de adivinar los pensamientos de los demás, pero un estudio tras otro nos ha demostrado lo desastroso que esto puede resultar. La única forma segura de saber lo que los demás saben, creen, sienten o piensan es preguntarles. «Basta con preguntar» era el vigésimo quinto experimento del trabajo que he descrito antes. Los participantes recibieron una lista de preguntas sobre sus compañeros. A un grupo se le indicó que adoptara el punto de vista de su pareja; al otro se le dieron cinco minutos para hacerles preguntas antes de someterlos a la prueba. En comparación con el grupo de participantes al que solo se le dijo que adoptara el punto de vista de su pareja, a los que se les permitió preguntar les fue mucho mejor. Esta demostración puede parecer una obviedad de libro: está claro que si sabemos las respuestas correctas, podemos obtener buenos resultados en los exámenes. Pero esa es precisamente la cuestión. No se puede acertar si no se reúnen los hechos.

Para entender con exactitud lo que otras personas piensan, sienten, creen o saben, hay que obtener la respuesta directamente de ellas. Si ni siquiera sabes lo graciosos u ofensivos que les parecen a tus amigos los chistes sexistas, no puedes acertar cuáles serán sus actitudes solo poniéndote en su lugar. Como proyectamos nuestros conocimientos y sentimientos en los demás, nos confiamos y creemos saber lo que piensan y el resultado es que no nos molestamos o nos olvidamos de comprobar si nuestras suposiciones son correctas. Conocer los hechos es la única forma segura de entendernos.

8

LOS PROBLEMAS DE LAS RECOMPENSAS TARDÍAS:

Cómo nuestro yo del presente no comprende a nuestro yo del futuro

Obtuve el doctorado en psicología a los 25 años, varios años antes que la mayoría de los doctores de mi especialidad. No porque fuera un genio, sino porque tenía que cumplir con un plazo. Cuando llegué a Estados Unidos desde Corea del Sur a los 21 años para empezar mis estudios de posgrado, terminar tan pronto no entraba en mis planes. Todavía estaba aprendiendo a entender frases como «¿Para tomar aquí o para llevar?» en el McDonald's, y me extrañaba que a mi compañera de oficina le hiciera tanta gracia cuando, a su pregunta: «¿Qué te ha traído aquí?», le contesté: «Un avión». Mi plan de pasar los típicos cinco o seis años terminando el doctorado se desbarató bruscamente al comienzo de mi cuarto año en el programa, cuando mi tutor decidió trasladarse a otra facultad. Me dijo que si terminaba la tesis a finales de año, me llevaría a su nueva universidad como becaria posdoctoral, que era el trabajo de investigación de mis sueños.

Siempre me había ido bien en los estudios, pero preparar una tesis doctoral de la nada en un año era un reto formidable y tuve que trabajar como una loca para conseguirlo, posponiendo toda diversión y placer. Ni cine, ni fiestas, ni siquiera una cerveza; trabajaba dieciséis horas al día todos los días y básicamente vivía a base de cereales Cracklin' Oat Bran, leche y café. Incluso después de ese año, tuve que soportar todo tipo de retos y decepciones. Te cuento todo esto para demostrarte que soy perfectamente capaz de aferrarme a recompensas que se retrasan considerablemente en el tiempo.

Sin embargo, también soy la persona menos paciente que conozco. Respondo a los correos electrónicos de los estudiantes a los microsegundos de recibirlos, y necesito respuestas inmediatas cuando se me pasan preguntas por la cabeza. Cuando se me ocurre una idea de investigación interesante, no envío un correo electrónico a mi estudiante de posgrado; le envío un mensaje de texto o voy a su despacho y cuando tengo el impulso de cortarme el pelo, cojo la primera cita disponible. Por mucho que lamente todas las veces que alguien me ha destrozado el pelo, tener que esperar hasta que mi estilista favorito esté disponible es una auténtica tortura. Exijo resultados, respuestas y recompensas de inmediato.

Descuento por demora

He empezado con dos historias aparentemente contradictorias, pero no lo son, tal y como explicaré más adelante. Antes de eso, quiero mostrarte lo impaciente que son muchas personas. He aquí una prueba típica para medir cómo rechazamos las recompensas tardías.

¿Preferirías 340 dólares ahora o 340 dentro de seis meses? Esto no tiene vuelta de hoja. Todo el mundo prefiere 340 dólares ahora.

¿Preferiría 340 dólares ahora o 350 dentro de seis meses? La mayoría de la gente sigue prefiriendo 340 dólares ahora.

¿Preferiría 340 dólares ahora o 390 dentro de seis meses? En un experimento tan habitual como este, la mayoría de los participantes sigue prefiriendo 340 dólares ahora a esperar seis meses para recibir 50 dólares más. Preferir 340 dólares ahora a 390 dentro de seis meses puede parecer razonable teniendo en cuenta la inflación, los tipos de interés o las oportunidades de inversión. Es decir, ¿no sería más sensato coger el dinero ahora y hacer algo con él que pudiera producir una mayor rentabilidad?

La respuesta es no[68]. Supongamos que recibes 340 dólares ahora y los depositas en un banco o los inviertes en acciones. Partiendo de la base de que la economía sea estable, es probable que al cabo de seis meses acabes ganando como mucho 10 o 15 dólares más. Para convertir los 340 dólares en 390 en seis meses, el rendimiento anual tendría que ser de aproximadamente el 30 %. Porcentaje mucho más elevado que cualquier tipo de interés del mercado.

Otro posible argumento es que deberíamos coger el dinero ahora porque, quién sabe, puede pasar algo en los próximos seis meses. La persona que te lo ofreció puede cambiar de opinión o morir. Tú podrías morir. O una guerra nuclear podría inutilizar el papel moneda, a menos que lo quemes para mantenerte caliente. O tu tía, extremadamente rica, puede fallecer antes de que pasen los seis meses y dejarte todo su dinero, eclipsando el valor de los 50 dólares extra que estabas esperando. Todos estos ejemplos son muy poco probables; la cuestión es que únicamente en esos raros casos los 390 dólares de dentro de seis meses valdrían menos que los 340 dólares de ahora.

Hagamos otro ejercicio para ilustrar cómo rechazamos las recompensas futuras de forma irracional. Si tenemos que elegir entre recibir 20 dólares ahora o 30 dentro de un mes, la mayoría de la gente elige 20 dólares ahora, pero si tenemos que elegir entre recibir 20 dólares dentro de doce meses o 30 dentro de trece meses, sí, lo has adivinado: la mayoría de la gente elige los 10 dólares extra y esperar un mes más para recibirlos. Cuando comparamos estas dos situaciones de elección, la incoherencia es evidente.

Estamos hablando exactamente de las mismas diferencias: 10 dólares y un mes. Independientemente de lo que valgan 20 o 30 dólares para una persona, si eligió 20 dólares en la primera situación, debería elegir 20 dólares en la segunda. Sin embargo, la diferencia de un mes en el presente parece mucho mayor que la diferencia de un mes en el futuro.

Por supuesto, este fenómeno tiene un límite. Si hay que elegir entre obtener 340 dólares ahora o 340.000 dentro de seis meses, todo el mundo puede esperar. Y así es como yo veía la obtención de mi doctorado. Consideraba que el título y el posterior trabajo de investigación eran mucho más valiosos que cualquiera de las recompensas inmediatas de tener una vida social o comer con normalidad. Estoy segura de que todo el mundo ha tenido experiencias similares y ha hecho sacrificios en el presente a cambio de una gran recompensa en el futuro; desde luego, no estoy diciendo que la gente, por regla general, sea incapaz de retrasar la obtención de recompensas.

Sin embargo, tendemos a descartar la utilidad de las recompensas futuras más a menudo de lo justificable. Numerosos experimentos de economía conductual, como las situaciones de elección que acabo de describir, han demostrado que no retrasamos lo suficiente la obtención de las recompensas. Veamos ahora algunos ejemplos de la vida diaria que muestran hasta qué punto rechazamos de forma irracional las recompensas futuras. Llamaré a este rechazo de recompensas postergadas «descuento por demora», tal y como se hace en la economía conductual.

Pensemos en el cambio climático. Cuando reciclamos para reducir los residuos, plantamos árboles para capturar carbono o gastamos dinero extra para comprar un coche eléctrico, no recibimos inmediatamente la recompensa de tener un aire más limpio, un nivel del mar más bajo o unos osos polares más felices. Esos beneficios tardan años y décadas en aparecer; algunos de ellos solo los experimentarán las generaciones futuras. Aunque sepamos que las recompensas futuras de reducir nuestra huella de carbono ahora son incalculables, puede que no estemos lo suficientemente motivados como para apagar nuestros aires acondicionados o gastar hoy una cantidad sustancial de dinero en paneles solares. No obstante, no hacerlo es análogo a aceptar 350.000 millones de dólares ahora en lugar de 350.000 millones dentro de varias décadas.

Y para todos, excepto para los pocos de nosotros que disfrutamos de verdad pasando horas en una cinta de correr cada día y anhelamos ensaladas con cereales antiguos, casi todo lo que se nos dice que hagamos para mantenernos sanos (como cumplir nuestro propósito de Año Nuevo de hacer ejercicio cinco veces a la semana, o dejar de beber después de la primera copa de vino) requiere elegir la recompensa tardía de tener una vida más larga en lugar de escoger la recompensa inmediata. Cada vez que cedemos a la tentación, demostramos cuánto más poderosa es la segunda que la primera.

El retraso no tiene por qué hacer referencia a un futuro lejano para que nuestras mejores intenciones pierdan ante cualquier capricho que tengamos a mano. Al final de un día largo y malo, puede que tengas antojo de tu comida reconfortante favorita, la pizza. Tienes el número de la pizzería local y te garantizan la entrega en media hora. Si esperas solo treinta minutos, te recompensarán con porciones calientes y deliciosas. Entonces, ves una bolsa de patatas fritas en el mostrador, que sabes que te quitarán el antojo para la pizza que sería una recompensa mucho mejor para todo el estrés que has soportado ese día. Sin embargo, empiezas a picar las patatas y acabas enfadado contigo mismo.

El descuento por demora no solo se aplica a las recompensas futuras, sino también a los dolores futuros, lo que explica por qué procrastinamos. Muchos de nosotros podemos vivir negando por completo la existencia de una tarea poco atractiva hasta horas antes de la fecha límite o incluso después de ella. El dolor de una tarea desalentadora en el futuro parece mucho más manejable que exactamente el mismo dolor si está ocurriendo ahora. Así que aplazamos las cosas. En un intento de evitar que mis alumnos procrastinaran con sus trabajos finales hasta la noche anterior a su entrega, una vez les pedí que enumeraran los pros y los contras de empezar una tarea en el último minuto. Dieron todas las clásicas respuestas «correctas» sobre lo malo de procrastinar, como que nunca se sabe lo que puede pasar en el último minuto y que tendemos a subestimar el tiempo que nos llevará terminar una tarea, pero me interesaba más saber cómo defendían la procrastinación. Algunos afirmaban que rendían más:

Los diamantes nacen bajo presión.

El estrés y la adrenalina provocados por una fecha límite inminente pueden aumentar la motivación.

Puedes reflexionar más tiempo e ir perfilando tus ideas sobre la tarea hasta ese momento.

También hubo argumentos a favor de la eficacia:

La ley de Parkinson dice que el trabajo se expande hasta ocupar el tiempo disponible para su realización.

No puedes agobiarte con los detalles o el perfeccionismo.

No se puede procrastinar más.

Una de mis afirmaciones favoritas justificaba la procrastinación utilizando material que habíamos tratado en clase: «En ese momento no puedes cometer la falacia de la planificación».

Por qué somos incapaces de esperar
y cómo podemos aprender a hacerlo

Todos son ejemplos de cómo la gente descarta de forma irracional el valor de los resultados futuros. Para evitar estas situaciones, debemos considerar por qué se producen. Hay más de una razón. A continuación, presentaré varias, cada una acompañada de una forma de contrarrestarla.

Falta de autocontrol

A veces no podemos retrasar la recompensa porque no sabemos controlar nuestros impulsos. El olor del beicon cuando tienes «hambre» puede hacerte olvidar todos los beneficios de una dieta sana. Empezar ahora un proyecto que no hay que entregar hasta dentro de seis meses requiere un enorme autocontrol cuando tienes episodios de tu serie favorita pendientes de ver.

Uno de los primeros estudios sobre las recompensas tardías[69] y el control de los impulsos, conocido hoy como la prueba del malvavisco, se realizó con niños en los años setenta. A niños de 3 a 5 años se les presentaba un único malvavisco y se les decía que el encargado del experimento estaba a punto de salir de la habitación. Podían comérselo inmediatamente, pero si esperaban a que volviera, recibían un malvavisco extra. Si no podían esperar, no recibirían un segundo malvavisco.

Los lectores pueden buscar la prueba del malvavisco en YouTube, porque seguramente les alegrará el día; los niños son colosalmente adorables cuando intentan resistir la tentación de engullir la recompensa inmediata, que es menor. Miran fijamente el malvavisco y con ojos golosos. Algunos lo huelen, otros lo tocan y se chupan los dedos, otros lo pinchan como si quisieran asegurarse de que es real.

Como cualquiera que haya criado niños o haya estado cerca de ellos puede predecir fácilmente, el tiempo que pueden esperar varía. Algunos aguantan quince o veinte minutos; otros ceden mucho antes, pero la prueba del malvavisco no se hizo famosa por eso. Más de una década después se descubrió algo sorprendente. Resultó que los tiempos de espera de los niños predecían sus puntuaciones verbales y cuantitativas en las pruebas de acceso a la universidad: cuanto más podía esperar un niño por un segundo malvavisco cuando era pequeño, mejores resultados obtenía en la prueba. (Es posible que alguno haya leído en los medios de comunicación populares que un estudio posterior desacreditó la prueba del malvavisco[70], pero eso no es del todo cierto. La correlación entre el tiempo de espera y las puntuaciones de las pruebas de acceso en ese segundo estudio seguía siendo positiva, aunque menor, y ese segundo estudio fue posteriormente criticado[71] de forma contundente por diversas razones metodológicas y conceptuales).

Si los que esperan reciben más cosas buenas, ¿cómo podemos ayudar a los niños a resistir la tentación de obtener una recompensa inmediata? Esta pregunta fue en realidad la que motivó el estudio original sobre los malvaviscos. Lo más fácil era ocultar el malvavisco blanco, esponjoso y azucarado de la vista de los niños mientras esperaban. Además, si los niños tenían un juguete con el que jugar o se les decía que tuvieran pensamientos felices, su tiempo de espera también aumentaba sustancialmente, incluso cuando el malvavisco estaba a la vista.

El mismo impulso irracional de aceptar ahora una recompensa menor y la misma técnica para frustrarlo existen en toda la naturaleza. Las distracciones pueden ayudar a las palomas a retrasar la obtención de sus recompensas[72]. Por si quieres saber cómo lo descubrieron los investigadores, aquí van algunos detalles. En primer lugar, los investigadores mantuvieron a las palomas al 80 % de su peso de alimentación libre, lo que hizo que estuvieran muy motivadas para buscar comida. Las palomas aprendieron que si picoteaban al instante un botón de la pared frontal de su recinto cuando se encendía, obtendrían de inmediato su no tan preferido «grano Kasha», pero si esperaban entre quince y veinte segundos antes de picotear, obtenían sus preciadas bolitas de «grano mixto». Las palomas no son más pacientes que los humanos; en su inmensa mayoría eligen la gratificación inmediata del grano Kasha normal en lugar de esperar al grano mezclado. A las palomas les resulta complicado esperar sin hacer nada.

Sin embargo, las palomas podían esperar si estaban distraídas. En otro experimento, había un segundo botón en la pared opuesta de su recinto, que se encendía al principio de la prueba igual que la primera. Las palomas aprendieron que si picoteaban este segundo botón veinte veces, lo que requería mucho más tiempo y esfuerzo que picotear el primero una sola vez para obtener el grano Kasha inmediatamente, serían recompensadas con la bolita de grano mezclado. Resultó que las palomas esperaban mucho mejor los quince o veinte segundos para obtener su grano mezclado preferido si podían distraerse picoteando el segundo botón.

Resistirse a la tentación inmediata es difícil. Cuando una persona disfruta de uno o dos cócteles o copas de vino con la cena cada noche, puede necesitar una enorme fuerza de voluntad para romper el hábito. Aun así, si los niños y las palomas pueden distraerse de la tentación inmediata, quizá los adultos también podamos hacerlo. Tomar una deliciosa bebida sin alcohol es más fácil que mirar con ojos golosos la copa de tu compañero de cena.

Los estragos de la incertidumbre

Las decisiones que tomamos relacionadas con las recompensas o los sufrimientos futuros pueden volverse irracionales por lo difícil que nos resulta pensar desde la incertidumbre. Lo voy a explicar a partir de uno de mis estudios preferidos. Aunque en realidad no habla sobre las recompensas tardías, demuestra de manera clara cómo la sensación de incertidumbre es capaz de interferir en nuestra toma de decisiones[73]. En este estudio se pidió a un grupo de estudiantes que imaginaran que habían hecho un examen muy complicado y que se acababan de enterar de que lo habían aprobado. Luego se les pidió que imaginaran que se les ofrecía un viaje organizado y muy atractivo a Hawái, a un precio excepcionalmente bajo que solo estaba disponible aquel día. Se les dieron tres opciones: comprarlo, no comprarlo o pagar una tasa no reembolsable de 5 dólares que prorrogaría la oferta especial. La mayoría de los participantes optaron por comprar en ese momento el viaje. Era lógico: habían aprobado el examen, así que tenían que celebrarlo.

Por otro lado, a otro grupo de estudiantes se les ofrecieron las mismas opciones, salvo porque se les dijo que imaginaran que habían suspendido el examen y que tenían que volver a hacerlo en un par de meses. La mayoría de los participantes de este grupo también quería comprar el viaje en ese momento. Esa decisión también tenía sentido: tenían dos meses para preparar el examen, así que ¿por qué no ir a Hawái a reponer fuerzas?

Los resultados de los dos primeros grupos establecieron que estos estudiantes se inclinaban en general por comprar el viaje, independientemente de su resultado en el examen. Sin embargo, cuando se presentaron las mismas opciones a un tercer grupo de estudiantes a los que no se les había dicho cómo les había ido en el examen, la mayoría dijo que pagaría los 5 dólares para poder esperar a conocer sus resultados para tomar una decisión. La gente estaba dispuesta a pagar más para poder tomar su decisión una vez eliminada la incertidumbre, aunque probablemente tomarían la misma decisión independientemente del resultado.

La incertidumbre sobre resultados futuros significativos puede inmovilizar nuestra toma de decisiones. Mientras esperas para ver si te van a ofrecer un trabajo después de una entrevista, o para saber si un acuerdo de negocios va a salir adelante, es difícil hacer cualquier cosa, incluso las cosas que normalmente disfrutas. A medida que se acercaba el día de las elecciones de 2020, me resultaba casi imposible trabajar en nada, incluido un proyecto de escritura que me había comprometido a terminar a finales de noviembre. Así que, inspirada por el estudio del viaje a Hawái, pensé en cada uno de los posibles resultados. Si sale Trump, ¿tengo que seguir escribiendo? Sí. Si sale Biden, ¿tengo que seguir escribiendo? Sí. Esta reflexión me permitió seguir escribiendo incluso el día de las elecciones. De hecho, me pareció una distracción agradable.

Aunque fui capaz de mantener la calma y seguir adelante en medio de la incertidumbre, si hubiera habido una forma de conocer antes los resultados de las elecciones, habría estado dispuesta a pagar no solo 5 dólares, sino una buena cantidad de dinero. La mayoría queremos reducir al máximo la incertidumbre. Esta aversión a la incertidumbre es normal, pero puede llevarnos a ser poco razonables cuando nuestras opciones están entre un resultado cierto y otro incierto, como en el caso de la recompensa tardía.

Para explicarlo, volvamos a la preferencia por recibir 340 dólares ahora mismo frente a 390 dentro de seis meses. Aparte del dinero, esto puede percibirse como una elección entre certeza e incertidumbre, porque el futuro siempre es incierto. ¿Quién sabe lo que puede pasar dentro de seis meses? La mayoría de nuestras preocupaciones por no conseguir los 390 dólares son irracionales, como ya he dicho, porque la probabilidad de que alguna de ellas se haga realidad es extremadamente pequeña. El problema, sin embargo, es que incluso cuando sabemos que las probabilidades de que, por ejemplo, muramos en los próximos seis meses son mínimas, parecen mucho mayores cuando se comparan con algo que sabemos con certeza. Es lo que se conoce como efecto certeza.

Existe un fenómeno famoso en la economía conductual llamado la paradoja de Allais, que se produce debido al sesgo de certeza. Debe su nombre a Maurice Allais, que recibió el Premio Nobel de Economía en 1988. Allais era físico y economista, así que tenemos que hablar de números, pero son números monetarios, así que son fáciles de entender.

Funciona así. He aquí la primera situación. Te ofrecen dos apuestas demasiado buenas para ser ciertas y tienes que elegir solo una:

Apuesta A: 100 % de probabilidades de ganar 1 millón de dólares.

Apuesta B: 89 % de probabilidades de ganar 1 millón de dólares, 10 % de probabilidades de ganar 5 millones de dólares y 1 % de probabilidades de no ganar nada.

¿Cuál elegirías? Tómate tu tiempo para elegir (pero no intentes calcular los valores esperados que he introducido antes en el libro; sigue tu juicio intuitivo).

Yo sé que elegiría A en lugar de B. Un millón de dólares es mucho; lo cogería encantada y me retiraría. Si eligiera la apuesta B y no ganara nada, me arrepentiría el resto de mi vida. Parece que no tiene sentido arriesgarse con la apuesta B, incluso con el 10 % de posibilidades de ganar cinco millones de dólares. La mayoría de la gente también elige la apuesta A. El 1 % de probabilidades de no ganar nada de la apuesta B comparado con el 0 % de probabilidades de no ganar nada de la apuesta A parece una diferencia ENORME.

Analicemos ahora una segunda situación. Elige una de las siguientes apuestas, son menos asombrosas pero bastante buenas:

Apuesta X: 11 % de probabilidades de ganar 1 millón de dólares y 89 % de probabilidades de no ganar nada.

Apuesta Y: 10% de probabilidades de ganar 5 millones de dólares y 90% de probabilidades de no ganar nada.

Ante estas opciones, la mayoría de la gente elige la apuesta Y. Yo también lo haría. Aunque dije que me conformaría con 1 millón de dólares, si la diferencia entre la probabilidad de ganar 5 millones y 1 millón es solo del 1%, ¿por qué no arriesgar esa pequeña probabilidad por 4 millones más?

Pero espera un momento. Si eliges A en la primera situación e Y en la segunda, estás siendo incoherente.

Volvamos a los juegos A y B. Para elegir el mejor, una persona racional debería anular el componente que es igual entre las dos opciones. Aquí están las dos opciones presentadas de una manera ligeramente diferente para hacer que la anulación sea más fácil:

Apuesta A: 89% de probabilidades de ganar 1 millón de dólares MÁS 11% de probabilidades de ganar 1 millón de dólares.
Apuesta B: 89% de probabilidades de ganar 1 millón de dólares, 10% de probabilidades de ganar 5 millones de dólares y 1% de probabilidades de no ganar nada.

Tanto A como B tienen un 89% de posibilidades de ganar 1 millón de dólares, de modo que lo anulamos. Entonces, lo que queda para estas dos apuestas, que llamaremos A' y B', respectivamente, son:

Apuesta A': 11% de probabilidades de ganar 1 millón de dólares.
Apuesta B': 10% de probabilidades de ganar 5 millones.

Ahora, ¿cuál preferirías, A' o B'? Probablemente B'. Ten en cuenta, sin embargo, que la opción A' frente a B' es idéntica a la opción X frente a Y. Te lo copio aquí:

Apuesta X: 11 % de probabilidades de ganar 1 millón de dólares y 89 % de probabilidades de no ganar nada.

Apuesta Y: 10 % de probabilidades de ganar 5 millones de dólares y 90 % de probabilidades de no ganar nada.

Como en X contra Y, la mayoría de la gente elegiría B'. Pero cuando se trataba de A contra B, la mayoría de la gente elegía A, comportándose de forma incoherente e irracional. Por eso esto se llama «paradoja».

El motivo de que esto ocurra es que la misma diferencia del 1 % parece muy diferente cuando comparamos el 0 con el 1 % y el 10 con el 11 %. Matemáticamente, son diferencias idénticas del 1 %, pero psicológicamente las tratamos de forma completamente distinta, porque la primera es la diferencia entre algo que no ocurre en absoluto y alguna probabilidad de que ocurra, es decir, la diferencia entre certeza e incertidumbre. En cambio, el 10 % y el 11 % parecen pequeñas probabilidades que no son tan diferentes.

La paradoja de Allais es precisa y hermosa (al menos a mí me lo parece), pero resulta artificial. Los economistas conductuales tienden a analizar las situaciones de elección con ejemplos de apuestas, pero esto hace que el fenómeno resulte un poco menos cercano. ¿Por qué alguien te ofrecería una apuesta que te diera un 100 % de probabilidades de ganar 1 millón de dólares? Eso ni siquiera es una apuesta, y nunca ocurriría nada parecido en la vida real. He aquí algunos ejemplos reales de la pandemia que todos hemos vivido.

Según los Centros para el Control y la Prevención de Enfermedades, en junio de 2021, la vacuna de Pfizer-BioNTech se consideraba eficaz en un 95 % contra la enfermedad grave de hospitalización debida al Covid-19 y la vacuna de Moderna era eficaz en un 94 %. Ha habido un montón de quejas, preocupaciones, disputas y reacciones exageradas relacionadas con las vacunas de la Covid-19, pero no he visto a nadie quejarse de la diferencia del 1 % en la eficacia entre las dos vacunas. Yo recibí la de Moderna y, aunque me molestó tener que esperar cuatro semanas para recibir la segunda inyección, frente a las tres semanas que habría tenido que esperar si me hubiera puesto la vacuna de Pfizer (¿recuerdan lo impaciente que soy?), la diferencia de eficacia no me molestó en absoluto. Hipotéticamente hablando, si el gobierno decidiera que la vacuna Moderna fuera gratuita pero la de Pfizer costara 100 dólares debido a la diferencia de eficacia, muy poca gente pagaría por ese 1 % de diferencia.

Sin embargo, si la vacuna de Pfizer-BioNTech tuviera una eficacia del 100 % y la de Moderna del 99 %, la cosa cambiaría. Estaríamos hablando de una garantía del 100 % de no contraer la Covid-19 frente a alguna posibilidad de contraerla. La gente podría empezar a pagar más de 100 dólares por la vacuna de Pfizer-BioNTech: eso es el efecto certeza.

Siempre que nos enfrentamos a una elección que implica una recompensa tardía, existe la posibilidad de que influya nuestra preferencia por la certeza (conseguirlo ahora) frente a la incertidumbre (conseguirlo en el futuro). No es fácil superar esta hipersensibilidad. Llevo treinta años enseñando la paradoja de Allais y el efecto certeza, pero el efecto certeza influiría en mi toma de decisiones si me presentaran estas apuestas. La mayoría de la gente tiene aversión al riesgo, así que si no podemos asumir riesgos o esperar una mayor ganancia en el futuro debido a nuestra ansiedad o miedo a la incertidumbre, una solución obvia sería aumentar nuestra confianza en el futuro[74].

Un estudio ilustra concretamente cómo hacerlo. Se dividió a los participantes en dos grupos. A un grupo se le pidió que describiera una situación en la que carecieran de poder, por ejemplo, cuando su jefe les obligó a trabajar el fin de semana o tuvieron que abandonar un torneo para el que habían entrenado por un esguince de tobillo. Al segundo grupo de participantes se le pidió que describiera una situación en la que tuvieran poder. Mientras que una participante podría escribir sobre cómo era cuando era capitana de un equipo universitario, con poder para decidir los planes de entrenamiento y lo que todos comían en las cenas del equipo; otro podría recordar su trabajo como gerente en una tienda, con poder para asignar tareas a los empleados. El estudio reveló que quienes escribían sobre la situación en la que tenían poder estaban más predispuestos a esperar mejores recompensas que quienes imaginaban situaciones en las que carecían de poder.

La pandemia nos dejó a todos con ansiedades e incertidumbres sobre el futuro, y todavía sentimos cierta falta de control, pero incluso cuando no nos enfrentamos a una catástrofe épica, a veces podemos sentirnos estancados e impotentes. Para restaurar nuestra fe en el futuro, puede ser útil recordar los momentos en los que tuvimos el poder de marcar la diferencia en nuestra propia vida o en la de los demás. Esto puede ayudarnos a tomar mejores decisiones, basadas en hechos y no en miedos.

La distancia psicológica

Otra explicación de por qué restamos valor a las cosas que ocurren en el futuro puede parecer obvia: es porque el futuro nos *parece* lejano. Por obvio que parezca, sugiere una solución que es cualquier cosa menos eso.

Utilicémos la distancia espacial como analogía de la diferencia temporal. Cuando hay un incendio en tu manzana, aunque no haya peligro de que se extienda a tu casa, es impactante. Pero si hay un incendio en otra ciudad, es posible que ni siquiera lo leas en las noticias. He aquí un ejemplo más alegre. Si alguien con quien fuiste al instituto ganara un Oscar, lo celebrarías y te sentirías orgulloso, aunque no tuvieras nada que ver con ello, pero si ese mismo Oscar fuera para alguien de otro país, apenas te importaría, a menos que fueras un fan incondicional de ese artista. Sentimos una falta de interés similar por el futuro y, en consecuencia, menospreciamos las recompensas o los sufrimientos futuros.

Una vez me invitaron a dar una charla en Cambridge (Reino Unido), era una pequeña conferencia pensada para dentro de seis meses. Tenía programada una operación menor un mes antes de la conferencia, pero mi médico me dijo que la mayoría de las personas que se someten a esta operación pueden viajar en el plazo de un mes. Supuse que sería como la mayoría de la gente y que, aunque no lo fuera, el dolor no sería demasiado fuerte, así que acepté encantada la invitación. Todo, incluido el posible dolor que podría experimentar dentro de cinco meses, parecía borroso y nebuloso. Entonces, justo después de la operación, me di cuenta de que tendría que preparar la charla mientras me recuperaba y seguía sufriendo. Cuando acepté la invitación seis meses antes, no había tenido en cuenta todos los detalles. Debería haberlo sabido: cuando planifico conferencias, suelo invitar a los ponentes difíciles de conseguir con meses de antelación, porque sé que cuanto más lejos esté el evento, más probabilidades hay de que se comprometan y yo había caído en el mismo truco.

El descuento por demora es la razón por la que nos comprometemos en exceso. Subestimamos enormemente los costes potenciales, las dificultades, los esfuerzos y el tiempo que requerirán nuestros compromisos cuando están muy lejos. No solo subestimamos las dificultades de diversa índole cuando están lejos en el tiempo; también hacemos lo mismo con las recompensas. Por ejemplo, el cambio climático. Un estudio reveló que la gente prefiere veintiún días de mejor calidad del aire[75] este año a treinta y cinco días de mejor calidad del aire dentro de un año. Es fácil imaginar cuánto puede disfrutar del aire fresco nuestro yo actual, pero es difícil imaginar quién será nuestro yo futuro y cuánto valdría el aire fresco para esa persona.

¿Hay algo que podamos hacer para evitar las trampas de la distancia psicológica? Un método que ha demostrado funcionar es pensar en los acontecimientos futuros con tantos detalles concretos como podamos reunir para que el futuro parezca más real. Existen nuevas herramientas que pueden ayudarnos a conseguirlo.

En un estudio, los investigadores utilizaron la realidad virtual inmersiva[76] para ayudar a los jóvenes a prepararse para su futuro financiero. En primer lugar, se crearon avatares digitalizados de los estudiantes universitarios que participaban en el experimento. A continuación, se modificaron algunos de los avatares para que parecieran estar cerca de la edad de jubilación. Resultó que los estudiantes cuyos avatares presentaban un cambio de edad tenían aproximadamente el doble de probabilidades de destinar una hipotética ganancia inesperada de 1000 dólares a su jubilación que los que solo veían sus avatares de la misma edad.

No muchos de nosotros tenemos acceso a sofisticados equipos de realidad virtual, pero el simple hecho de imaginar acontecimientos futuros positivos puede ayudar. En un estudio, a los participantes se les plantearon las típicas situaciones de elección diferida en las que una recompensa menor ahora mismo (por ejemplo, 20 euros inmediatamente) se contraponía a una cantidad mayor en una fecha posterior (por ejemplo, 35 euros cuarenta y cinco días después). No obstante, antes de elegir, los participantes debían enumerar los acontecimientos que habían planeado para los próximos siete meses. Por ejemplo, Audrey podría decir que tenía previsto ir de vacaciones a Roma dentro de cuarenta y cinco días. Luego, cuando se les daba a elegir entre las dos recompensas, la opción retrasada se vinculaba a ese acontecimiento. Así, se informaba a Audrey de que podía tener 20 euros ahora mismo o 35 euros cuarenta y cinco días después, con la frase Vacaciones en Roma escrita debajo de la segunda opción. Recordar a las personas los acontecimientos futuros que tenían previstos[77] bastó para reducir significativamente el rechazo irracional de recompensas futuras y las animó a elegir la recompensa tardía.

Este tipo de técnica ha pasado a ser fundamental en el desarrollo de métodos para ayudar a las personas a reducir su consumo de tabaco y alcohol y disminuir su ingesta calórica. En un estudio, mujeres con sobrepeso participaron en sesiones experimentales vespertinas[78] programadas para que tuvieran lugar mucho después de comer, en un momento en el que tendrían hambre. Primero, se les hizo pensar en alimentos que a la mayoría de la gente le reconfortan, como albóndigas, patatas fritas, salchichas, galletas y salsas, para que comieran impulsivamente. A continuación, se les dio acceso ilimitado a esos alimentos durante quince minutos y se les pidió que valoraran su sabor. Durante la prueba de degustación, la mitad de las mujeres, elegidas al azar, escucharon grabaciones de audio de sus propias reflexiones sobre cosas buenas que podrían ocurrirles en el futuro. La otra mitad también escuchó una grabación de audio de su propia voz, pero se trataba de un blog de viajes de una escritora que había tenido lugar recientemente y que no tenía nada que ver con el futuro de las participantes. Una vez transcurridos los quince minutos asignados para comer, se midió la ingesta calórica de cada participante. Las que pensaban en su yo futuro ingirieron unas 800 calorías de media, mientras que las que no lo hicieron consumieron unas 1100.

Persistir o no persistir

Empecé el capítulo explicando por qué la tendencia de la gente a rechazar recompensas futuras puede ser irracional, y he comentado muchos factores que contribuyen a esto para que intentemos superarlo. Antes de concluir, quiero añadir una advertencia importante. A lo largo de este análisis, podría parecer que resistirse a las recompensas inmediatas y sacrificarse por el futuro es algo inequívocamente bueno. La idea de que todo el mundo puede mejorar y de que el trabajo duro y la determinación son más importantes que el talento innato es hoy en día uno de los pilares de la psicología popular. Existen numerosos libros de éxito sobre personajes famosos que, a pesar de no haber demostrado mucho talento al principio de sus carreras, lograron grandes cosas porque tenían fuerza de carácter y persistieron contra viento y marea. Muchos programas, algunos de ellos financiados por el gobierno, tienen como objetivo fortalecer el carácter y mejorar el autocontrol para reducir el abuso de drogas y alcohol y la delincuencia. Personalmente, aplaudo estos esfuerzos.

Al mismo tiempo, también me temo que, cuando se lleva al extremo, un énfasis unilateral en el autocontrol puede resultar contraproducente. Las anécdotas sobre personas de éxito que mantienen el rumbo en las buenas y en las malas son siempre inspiradoras, pero limitarse a esos casos es un ejemplo perfecto del sesgo de confirmación, tal y como se explica en el capítulo 2. También hay numerosos ejemplos negativos de personas que persistieron durante años y años en vano. Me parece que deberíamos moderar nuestra cultura de «la pequeña locomotora que pudo». Son dos las observaciones que me llevan a plantear este tema.

En primer lugar, existe una epidemia de ansiedad entre adolescentes y adultos jóvenes. Según el Instituto Nacional de Salud Mental, casi un tercio de los adolescentes han sufrido un trastorno de ansiedad al menos una vez en su vida. La ansiedad no solo prevalece, sino que va en aumento[79]: La ansiedad entre los jóvenes de 18 a 25 años aumentó del 8 % en 2008 al 15 % en 2018 (es decir, se producía incluso antes de la pandemia). Yo personalmente pude sentir ese aumento de casos. Muchos estudiantes brillantes experimentan miedo a perderse algo (o FOMO, por sus siglas en inglés), y no en términos de cosas divertidas, sino de pasos cruciales en su interminable carrera hacia el éxito. Yo no era diferente. Empecé este capítulo con la historia de cómo me motivé para conseguir doctorarme a los 25 años.

No obstante, mi historia tiene una continuación. Poco después de licenciarme, utilicé el dinero que había ahorrado en mi nuevo trabajo de becaria posdoctoral y viajé a París por primera vez. Aunque tuve que alojarme en una habitación del tamaño de un armario en un albergue juvenil, todo era sorprendentemente bonito y delicioso. Descubrí las crepes y la sopa de cebolla, y aprendí que está bien añadir tanta mantequilla como una loncha gruesa de queso a un bocadillo de jamón en una *baguette*. Sin embargo, el mayor choque cultural para mí fue ver a tanta gente haciendo pausas de dos horas para comer con vino entre semana. Pensaba que el almuerzo era un impedimento para ser productivo, algo que te metías en la boca en diez minutos mientras mirabas el ordenador o leías un artículo.

Entonces, mientras paseaba por los museos de París y miraba cuadros que representaban las extrañas costumbres de personas que vivieron hace dos siglos o más, se me ocurrió una idea. La gente de los cuadros que estaba mirando pensaba que el divorcio debía ser ilegal y que los corsés eran indispensables para la alta costura femenina. ¿Qué damos por sentado ahora que las generaciones futuras pensarán que no solo está mal, sino que es ridículo?

Como acababa de obtener el doctorado, había estado reflexionando sobre si toda esa persistencia, sacrificio y recompensa tardía habían merecido la pena. Durante aquel viaje al museo, llegué a la conclusión de que quizá nuestra voluntad de vivir para trabajar sea algo que haga que la gente se ría de nosotros en el futuro. ¿Por qué creamos una sociedad que no solo obliga a la mayoría de la gente a trabajar para vivir, sino que hace que incluso los más privilegiados sientan que tienen que trabajar desesperadamente todo el tiempo? Creamos una mitología que considera la necesidad de llegar a la cima de la montaña porque está ahí como medida de la valía humana, pero cuando llegamos allí, siempre hay otra montaña, y otra después de esa. La mayoría de nosotros vivimos toda la vida luchando por mantenernos en tierra firme o escalando montaña tras montaña.

En realidad, puede que no hagan falta doscientos años para que se reconozca lo absurdo de este énfasis excesivo en el trabajo. Muchos países europeos parecen entenderlo ya. Países nórdicos como Dinamarca, Noruega y Finlandia ocupan los primeros puestos del mundo en cuanto a felicidad. Una de las razones es la educación y la sanidad gratuitas, que permiten conciliar mejor la vida laboral y familiar.

El exceso de autocontrol no solo obstaculiza nuestra salud mental y felicidad, sino que perjudica nuestra salud física[80], especialmente entre las personas menos favorecidas por su situación socioeconómica. En un estudio, los investigadores siguieron durante varios años a un grupo de adolescentes afroamericanos desfavorecidos socioeconómicamente[81] de una zona rural de Georgia. Midieron los niveles de autocontrol de los adolescentes. (Como los resultados que voy a describir son bastante contraintuitivos, para los lectores escépticos, merece la pena explicar un poco los detalles de cómo se hizo: sus niveles de autocontrol fueron evaluados por sus cuidadores y también mediante autoinformes en los que los adolescentes respondían en qué medida estaban de acuerdo con afirmaciones como «Suelo hacer un seguimiento de mis progresos hacia mis objetivos» y «Si quisiera cambiar, confío en que podría hacerlo»). Como es fácil imaginar, el grado de autocontrol de estos adolescentes variaba. Los investigadores descubrieron que aquellos que mostraban un mayor autocontrol entre los 17 y los 19 años presentaban tasas más bajas de abuso de sustancias y comportamiento agresivo a los 22 años. Así que los resultados eran los que habríamos predicho, mostrando los beneficios típicos del autocontrol. Sin embargo, el estudio también reveló algo sorprendente:

cuanto mayor era el autocontrol en la adolescencia media, más signos de envejecimiento de las células inmunitarias mostraban en la edad adulta. Otro estudio también halló un patrón igualmente sorprendente: los niños de bajo estatus socioeconómico con mejor autocontrol mostraban mayores riesgos cardiometabólicos (como indican la obesidad, la presión arterial y las hormonas del estrés), a pesar de tener menos conductas infractoras de la ley y menos consumo de sustancias.

¿Qué ocurre? Cuando estos adolescentes desfavorecidos pero disciplinados empiezan a ir bien en la escuela y en la vida, quieren mantener ese nivel o hacerlo aún mejor, pero como se encuentran en entornos desfavorecidos, se ven continuamente acosados por retos y dificultades. Gracias a su alto nivel de autodisciplina, luchan contra esos retos en lugar de rendirse. Es como estar en una batalla interminable durante años. Sus sistemas hormonales del estrés se activan continuamente, en detrimento de su salud física.

Los efectos perjudiciales de un autocontrol excesivo no parecen limitarse a los niños desfavorecidos. En otro estudio, se seleccionó a estudiantes universitarios no necesariamente desfavorecidos[82] para participar en experimentos de psicología a cambio de créditos parciales. Se midió su deseo preexistente de tener autocontrol preguntándoles hasta qué punto estaban de acuerdo con afirmaciones como «Quiero tener control sobre mis sentimientos» y «Me gustaría tener más capacidad para cambiar hábitos no deseados».

A continuación, se pidió a todos los participantes que realizaran una tarea de copia. Para algunos de ellos, la tarea era muy sencilla; se trataba simplemente de utilizar un teclado para copiar un párrafo en su lengua materna, que era el hebreo. Para los demás, la tarea era atroz: tenían que copiar un párrafo en una lengua extranjera, que era el inglés, tecleando solo con la mano no dominante, saltándose la letra «e» y sin utilizar la barra espaciadora, de modo que «Si un escritorio desordenado es señal de una mente desordenada, ¿de qué es señal entonces un escritorio vacío?» (Albert Einstein), se copiaría como: «Siunscritoriodsordnad ossñaldunamntdsordnada,¿dqu,ntoncs,ssñlunscritoriovacío?». (Vaya, ha sido difícil escribirlo incluso con las dos manos y en el idioma que uso a diario).

Ahora bien, podríamos pensar que aquellos que valoran fervientemente el autocontrol lo harían mejor en ambas tareas, ¿verdad? Pues no. Un fuerte deseo de autocontrol mostró cierto beneficio en las tareas más sencillas, pero ocurrió lo contrario con las tareas difíciles: los que tenían un alto deseo de autocontrol obtuvieron peores resultados que los que tenían un bajo deseo.

¿Por qué? Porque la tarea difícil requería un nivel extremo de autocontrol. Las personas con un fuerte deseo de autocontrol se habrían dado cuenta rápidamente de la diferencia entre su aspiración (es decir, ¡ser perfectos!) y su rendimiento real. Cuando su objetivo parece inalcanzable, se desaniman. Como consecuencia, se esfuerzan menos y acaban rindiendo peor de lo que podrían haberlo hecho.

Me pregunto si algo así puede explicar, al menos en parte, los elevados niveles de ansiedad entre los jóvenes. Los que viven en entornos desfavorecidos sienten que deberían hacerlo mucho mejor que como empezaron. Los que viven en entornos privilegiados están rodeados de estudiantes estelares y constantemente expuestos a publicaciones en las redes sociales en las que otros anuncian sus mejores talentos y logros, recordándoles incesantemente el nivel aspiracional que «deberían» alcanzar. La disparidad que sienten entre su yo real y su yo ideal puede hacer que estos estudiantes altamente autocontrolados se esfuercen demasiado, creando estrés, ansiedad y un sentimiento de derrota.

No es tarea fácil saber cuándo persistir y cuándo abandonar. Para ello, me recuerdo cada día que debo disfrutar del proceso de hacer sin adelantarme a los resultados. Escucho a mi instructora de yoga cuando me dice «Respira» cuando estoy intentando hacer la postura del camello, arrodillada con los muslos perpendiculares al suelo, doblando la columna hacia atrás para que mi pecho mire al techo mientras intento agarrar con las manos los talones que aún están lejos, muy lejos. Como dice mi instructora, la respiración debe ser tu guía para saber hasta dónde puedes esforzarte: si no puedes respirar con facilidad, no lo hagas. Juro que este consejo debe de haber evitado innumerables ocasiones de daño que yo, fanática del control, podría haberme infligido fácilmente. Puede que nunca consiga hacer la postura del camello, pero puedo culpar de ello a mis cortos brazos. Sigo disfrutando de la sensación de mi columna vertebral despertándose y de la sangre corriendo por mi cabeza mientras mantengo la respiración.

Si merece la pena perseguir un objetivo, incluso el dolor que acompaña a nuestra práctica sienta bien, igual que el dolor de un buen ejercicio, de una olla caliente picante o de un refresco helado, pero si sientes que te estás haciendo daño para conseguir recompensas y lo único que disfrutas es el objetivo final y no el proceso, probablemente ha llegado el momento de replantearte no solo tus prioridades, sino la forma en que piensas en ellas.

EPÍLOGO

¿Por qué la gente quiere aprender a pensar mejor? Una respuesta sincera que he oído muchas veces es algo como esto: «Porque quiero aprender cómo ser la persona más lista allá donde voy». Entender la aversión a la pérdida, por ejemplo, puede servirte de ayuda para idear un negocio o una estrategia de inversión con la que exprimir el medio de los demás. Aprender que a la gente se le ocurren múltiples interpretaciones para explicar el mismo resultado según la cronología en la que se presenta la información puede resultarte útil si tu propósito es manipular la opinión de los demás. No obstante, espero que no utilices este libro para estos fines.

Llevo mucho tiempo preguntándome cómo la psicología cognitiva puede hacer del mundo un lugar mejor. Ser la persona más lista de un lugar o dejar en ridículo a los demás no es la mejor manera de hacer del mundo un lugar mejor. Así que retrocedamos y veamos cómo comprender los errores que cometemos al pensar que pueden hacer del mundo un lugar mejor. Yo considero que un mundo mejor sería un mundo más justo y, para ser justos, necesitamos pensar de forma menos sesgada.

Para empezar, cada uno de nosotros debería ser más justo consigo mismo. No deberíamos subestimarnos, algo que puede pasar cuando buscamos de manera selectiva razones para perpetuar nuestras inseguridades (capítulo 2) o utilizar toda nuestra energía creativa para inventarnos la peor interpretación posible con la que justificar nuestra mala suerte (capítulo 6). Tampoco es justo para nosotros mostrar un exceso de confianza, ignorar nuestras limitaciones y ponernos en situaciones que no somos capaces de manejar (capítulo 1). Las decisiones que tomamos a nuestro respecto deberían ser tan imparciales como fuera posible y estar basadas en principios estadísticos y teorías de la probabilidad, ya que dan las predicciones más precisas (capítulo 4). Saber cómo podemos caer víctimas de anécdotas, encuadres y la aversión a la pérdida nos permite poner en su lugar, intelectualmente hablando, a la gente que trata de ponernos en *nuestro* lugar al hacer uso de esas técnicas (capítulo 5). No somos justos con nosotros mismos si no pensamos lo suficiente en nuestro futuro, pero es igual de injusto sacrificar nuestro presente por el futuro (capítulo 8).

Además, deberíamos ser más justos con los demás; y pensar mejor es más justo porque se hace de forma menos sesgada. Si quieres afirmar que un grupo de gente es especial porque son buenos en algo, no basta con demostrar que son buenos en esa cosa, porque un grupo diferente de personas también podría ser igual de bueno o mejor en eso. Dar las mismas oportunidades a todo el mundo es la única manera correcta de poner a prueba una hipótesis de ese calibre (capítulo 2). Una vez que seamos conscientes de que siempre hay múltiples causas que pueden ser las responsables de un suceso, podremos valorar el mérito, así como la culpabilidad de manera más justa (capítulo 3). Y el camino hacia una sociedad más justa es mucho más directo cuando le preguntamos a la gente lo que necesitan en lugar de asumir que ya lo sabemos (capítulo 7). Cuando podemos anticipar los defectos de los demás, así como la omnipresente falacia de la planificación (capítulo 1), y tener un plan B, podemos ser más pacientes con ellos; ¡sobre todo con aquellos que no hayan leído este libro!

Al igual que a un nuevo par de pantalones o a unos zapatos, lleva tiempo amoldarse a una nueva manera de pensar. Está claro que no lograremos ni podemos arreglar todo, pero tampoco hará daño dedicarle un poco más de tiempo, de manera tanto individual como colectiva, a discutir sobre cómo estamos amoldando y compartiendo nuestros pensamientos entre nosotros.

AGRADECIMIENTOS

Primero, me gustaría darles las gracias a todos los psicólogos cognitivos que han llevado a cabo los estudios que han sido la base de este libro, sobre todo a aquellos a quienes he citado. En concreto, creo que el mundo habría sido mucho peor sin Daniel Kahneman y el posterior Amos Tversky, y no podré agradecerles lo suficiente que hicieran esa investigación tan revolucionaria.

También estoy eternamente en deuda con todos los estudiantes que eligieron mi asignatura «Thinking». Su ilusión por aprender y su predisposición para reírse de sus errores me han inspirado a pasar más de veinte horas a la semana preparando unas clases de tres horas, buscando ejemplos mejores y más actualizados, así como chistes que los mantuvieran interesados, y que ayudaran a que las clases persistieran un poco más en su memoria. Escribir este libro no habría sido posible sin su entusiasmo. Me gustaría agradecer especialmente a Alicia Mazzurra, que cursó la asignatura en octubre de 2021, el subtítulo del libro.

A Will Schwalbe, de Flatiron, un gran narrador y editor con experiencia, que me ha acompañado, con paciencia y habilidad, a través de todas las versiones que han existido de este manuscrito. Tiene el nivel de conocimiento más alto sobre la «teoría de la mente» que jamás haya visto, ha comprendido del todo no solo los retos del escritor, sino también la perspectiva de los lectores. He disfrutado tanto trabajando junto a este editor tan brillante, que incluso me da pena que el libro esté casi terminado.

A Jim Levine, mi agente literario, que me ayudó sobre todo durante la etapa inicial, cuando el libro estaba siendo concebido. Agradezco que insistiera en que me mantuviera firme a la hipótesis optimista sobre cómo mejorar la manera de pensar en lugar de en la hipótesis negativa sobre cuáles son nuestros errores al pensar. A Arthur Goldwag, que ha mejorado de manera significativa mi prosa durante el proceso, al editar mi inglés extranjero, pero manteniendo mi estilo. A Samantha Zuckergood y Andrea Mosqueda, quienes desde la oficina del editor me han dado la perspectiva de la generación más joven. También quiero darle las gracias a Bill Warhop, el corrector de Flatiron, por su trabajo a lo largo del libro.

Esta misma investigación que he presentado a lo largo del libro ha sido financiada por becas del Instituto Nacional de Salud Mental y el Instituto Nacional de Investigación del Genoma Humano, así como por un generoso donativo de la Fundación Reboot.

Por último, a mi marido, Marvin Chun. Cuando era profesora auxiliar en Yale, en torno a 1998, fui a una charla para catedráticas sobre cómo compaginarlo todo, especialmente la carrera y la familia. Una de las panelistas dijo que el único secreto era encontrar al marido adecuado. Afortunadamente, yo ya lo había encontrado. A lo largo de nuestro matrimonio, nos hemos dividido las tareas del hogar, la crianza y los apellidos de nuestros hijos. Siempre ha apoyado mi carrera y se ha preocupado de verdad siempre que he perdido la confianza en mí misma. Como psicólogo cognitivo que enseñó la asignatura «Introducción a la psicología» durante años, ha revisado el primer borrador de cada uno de los capítulos, me ha hecho sugerencias constructivas y críticas. Como marido, también ha tenido que convivir con todos mis alardes y lamentos según experimentaba los altibajos emocionales al escribir mientras estábamos confinados en casa durante la pandemia. Gracias por todo.

NOTAS

Capítulo 1: Lo fascinante de la fluidez

1. Kardas, M. y O'Brien, E. (2018). «Easier seen than done: Merely watching others perform can foster an illusion of skill acquisition». *Psychological Science.*

2. Ahn, W. y Kalish, C. W. (2000). «The role of mechanism beliefs in causal reasoning». *Explanation and Cognition.* Cambridge: MIT Press, pp. 199-225.

3. Alter, A. L. y Oppenheimer, D. M. (2006). «Predicting short-term stock fluctuations by using processing fluency». *Proceedings of the National Academy of Sciences 103*, n.º 24, pp. 9369-72.

4. Fisher, M.; Goddu, M. K. y Keil, F. C. (2015). «Searching for explanations: How the internet inflates estimates of internal knowledge». *Journal of Experimental Psychology: General 144*, n.º 3, p. 674.

5. Rozenblit, L. y Keil, F. (2002). «The misunderstood limits of folk science: An illusion of explanatory depth». *Cognitive Science 26*, n.º 5, pp. 521-62.

6. Fernbach, P. M.; Rogers, T.; Fox, C. R. y Sloman, S. A. (2013). «Political extremism is supported by an illusion of understanding». *Psychological Science 24*, n.º 6, pp. 939-46.

7. Buehler, R. y Griffin, D. (2003). «Planning, personality, and prediction: The role of future focus in optimistic time

predictions». *Organizational Behavior and Human Decision Processes 92*, n.º 1-2, pp. 80-90.

8. Matheson, S. M.; Asher, L. y Bateson, M. (2008). «Larger, enriched cages are associated with "optimistic" response biases in captive European starlings (Sturnus vulgaris)». *Applied Animal Behaviour Science 109*, n.º 2-4, pp-374-83.

Capítulo 2: Los sesgos de confirmación

9. Wason, P. C. (1960). «On the failure to eliminate hypotheses in a conceptual task». *Quarterly Journal of Experimental Psychology 12*, n.º 3, pp. 129-40.

10. Stanovich, K. E.; West, R. F. y Toplak, M. E. (2016). *The Rationality Quotient: Toward a Test of Rational Thinking*. CITY: MIT Press.

11. Regalado, A. (11 de febrero de 2019). «More than 26 million people have taken an at-home ancestry test». *MIT Technology Review*, n.º 9, www.technologyreview.com/2019/02/11/103446/more-than-26-million-peoplehave-taken-an-at-home-ancestry-test/

12. Lebowitz, M. S. y Ahn, W. (2017). «Testing positive for a genetic predisposition to depression magnifies retrospective memory for depressive symptoms». *Journal of Consulting and Clinical Psychology 85*, n.º 11, p. 1052.

13. Tweney, R. D.; Doherty, M. E.; Worner, W. J.; Pliske, D. B.; Mynatt, C. R.; Gross, K. A. y Arkkelin, D. L. (1980). «Strategies of rule discovery in an inference task». *Quarterly Journal of Experimental Psychology 32*, n.º 1, pp. 109-23.

14. Kunda, Z.; Fong, G. T.; Sanitioso, R. y Reber, E. (1993). «Directional questions direct self-conceptions». *Journal of Experimental Social Psychology 29*, n.º 1, pp. 63-86.

15. Rauscher, F. H.; Shaw, G. L. y Ky, K. N. (1993). «Music and spatial task performance». *Nature 365*, n.º 6447, pp. 611-611.

16. DeLoache, J. S.; Chiong, C.; Sherman, K.; Islam, N.; Vanderborght, M.; Troseth, G. L.; Strouse, G. A. y O'Doherty, K. (2010). «Do babies learn from baby media?». *Psychological Science 21*, n.º 11, pp. 1570-1574.

Capítulo 3: El reto de la atribución causal

17. Barry, J. M. (2004). *The great influenza: The story of the deadliest pandemic in history*. Nueva York: Viking Press. Consultar para leer el relato detallado.

18. Baeket-Bojmel, L.; Hochman, G. y Ariely, D. (2017). «It's (not) all about the Jacksons: Testing different types of short-term bonuses in the fields», *Journal of Management 43*, n.º 2, pp. 534-54.

19. Dar-Nimrod, I. y Heine, S. J. (2006). «Exposure to Scientific theories affects women's math performance». *Science 314*, n.º 5798, p. 435.

20. Kahneman, D. y Tversky, A. (1982). «The psychology of preferences». *Scientific American 246*, n.º 1, pp. 160-73.

21. Miller, D. T. y Gunasegaram, S. (1990). «Temporal order and the perceived mutability of events: Implications for blame assignment». *Journal of Personality and Social Psychology 59*, n.º 6, p. 1111.

22. Girotto, V.; Legrenzi, P. y Rizzo, A. (1991). «Event controllability in counterfactual thinking». *Acta Psychologica 78*, n.º 1-3, pp. 111-33.

23. Lyubomirsky, S. y Nolen-Hoeksema, S. (1995). «Effects of self-focused rumination on negative thinking and interpersonal problem solving». *Journal of Personality and Social Psychology 69*, n.º 1, pp. 176-90.

24. Nolen-Hoeksema, S.; Wisco, B. E. y Lyubomirsky, S. (2008). «Rethinking rumination». *Perspectives on Psychological Science 3*, n.º 5, pp. 400-24.

25. Kross, E.; Ayduk, O. y Mischel, W. (2005). «When asking "why" does not hurt distinguishing rumination from reflective processing of negative emotions». *Psychological Science 16*, n.º 9, pp. 709-15.

26. Kross, E. y Ayduk, O. (2008). «Facilitating adaptive emotional analysis: Distinguishing distanced-analysis of depressive experiences from immersed-analysis and distraction». *Personality and Social Psychology Bulletin 34*, n.º 7, pp. 924-38.

Capítulo 4: Los riesgos de los ejemplos

27. McAfee, T.; Davis, K. C.; Alexander Jr., R. L.; Pechacek, T. F. y Bunnell R. (2013). «Effect of the first federally funded US antismoking national media campaign». *The Lancet 382*, n.º 9909, pp. 2003-11.

28. Borgida, E. y Nisbett, R. E. (1977). «The differential impact of abstract vs. concrete information on decisions». *Journal of Applied Social Psychology 7*, n.º 3, pp. 258-71.

29. Small, D. A.; Loewenstein, G. y Slovic, P. (2007). «Sympathy and callousness: The impact of deliberative thought on donations to identifiable and statistical victims». *Organizational Behavior and Human Decision Processes 102*, n.º 2, pp. 143-53.

30. Fong, G. T.; Krantz, D. H. y Nisbett, R. E. (1986). «The effects of statistical training on thinking about everyday problems». *Cognitive Psychology 18*, n.º 3, pp. 253-92.

31. Eddy, D. M. (1982). «Probabilistic reasoning in clinical medicine: Problems and opportunities». *Judgement under Uncertainty: Heuristics and Biases*. Editado por Daniel Kahnerman, Paul Slovic y Amos Tversky. Cambridge: Cambridge University Press, pp. 249-67.

32. Dawid, P. y Gillies, D. (1989). «A Bayesian analysis of Hume's argument concerning miracles». *Philosophical Quarterly (1950-) 39*, n.º 154, pp. 57-65.

33. Informe de la Oficina de Contabilidad del Gobierno de los Estados Unidos a las peticiones del Congreso (abril de 2017). «Countering violent extremism: Actions needed to define strategy and assess progress of federal efforts» (GAO-17-300I), https://www.gao.gov/products/gao-17-300. Me gustaría darle las gracias a mi antigua alumna Alexandra Otterstrom por facilitarme las fuentes en las que se fundamenta este análisis.

34. Gick, M. L. y Holyoak, K. J. (1983). «Schema induction and analogical transfer». *Cognitive Psychology 15*, n.º 1, pp. 1-38.

Capítulo 5: Los sesgos de negatividad

35. Cui, G.; Lui, H. y Guo, X. (2012). «The effect of online consumer reviews on new product sales». *International Journal of Electronic Commerce 17*, n.º 1, pp. 39-58.

36. Fiske, S. T. (1980). «Attention and weight in person perception: The impact of negative and extreme behavior». *Journal of Personality and Social Psychology 38*, n.º 6, pp. 889-906.

37. Baumeister, R. F.; Bratslavsky, E.; Finkenauer, C. y Vohs, K. D. (2001). «Bad is stronger than good». *Review of General Psychology 5, 4*, pp. 323-70.

38. Levin, I. P. y Gaeth, G. J. (1988). «How consumers are affected by the framing of attribute information before and after consuming the product». *Journal of Consumer Research 15*, n.º 3, pp. 374-78.

39. Ahn, W.; Kim, S. S. Y.; Kim, K. y McNally, P. K. (2019). «Which grades are better, A's and C's, or all B's? Effects of variability in grades on mock college admissions decisions». *Judgement & Decision Making 16*, n.º 6, pp. 696-710.

40. Kahneman, D. y Tversky, A. (1979). «Teoría prospectiva: un análisis de la decisión bajo riesgo». *Econométrica 47*, n.º 2, pp. 263-92.

41. Whan Park, C.; Youl Jun, S. y MacInnis, D. J. (2000). «Choosing what I want versus rejecting what I do not want: An application of decision framing to product option choice decisions». *Journal of Marketing Research 37*, n.º 2, pp. 187-202.

42. Fryer, R. G.; Levitt, S. D.; List, J. y Sadoff, S. (junio 2012). «Enhancing the efficacy of teacher incentives through loss aversion: A field experiment». *National Bureau of Economic Research*, n.º 18237.

43. Knetsch, J. L. (1989). «The endowment effect and evidence of nonreversible indifference curves». *American Economic Review 79*, n.º 5, pp. 1277-84.

44. DeWall, C. N.; Chester, D. S. y White, D. S. (2015). «Can acetaminophen reduce the pain of decision-making?». *Journal of Experimental Social Psychology 56*, pp. 117-20.

45. McNeil, B. J.; Pauker, S. G.; Sox Jr., H. C. y Tversky, A. (1982). «On the elicitation of preferences for alternative therapies». *New England Journal of Medicine 306*, n.º 21, pp. 1259-62.

46. Shafir, E. (1993). «Choosing versus rejecting: Why some options are both better and worse than others». *Memory & Cognition 21*, n.º 4, pp. 546-56.

Capítulo 6: Las interpretaciones sesgadas

47. Quinn, G. E.; Shin, C. H.; Maguire, M. G. y Stone R. A. (1999). «Myopia and ambient lighting at night». *Nature 399*, n.º 6732, pp. 113-14.

48. (13 de mayo de 1999). «Night-light may lead to nearsightedness». *CNN.com*, http://www.cnn.com/HEALTH/9905/12/children.lights/

49. Zadnik, K.; Jones, L. A.; Irvin, B. C.; Kleinstein, R. N.; Manny, R. E.; Shin J. A. y Mutti, D. O. (2000). «Myopia and ambient night-time lighting». *Nature 404*, n.º 6774, pp. 143-44.

50. Torassa, U. (8 de marzo de 2000). «Leave it on: Study says night lighting won't harm children's eyesight». *CNN.com*, https://www.cnn.com/2000/HEALTH/children/03/08/light.myopia.wmd/index.html

51. Taylor, E. G. y Ahn, W. (2012). «Causal imprinting in causal structure learning». *Cognitive Psychology 65*, n.º 3, pp. 381-413.

52. Moss-Racusin, C. A.; Dovidio J. F.; Brescoll, V. L.; Graham, M. J. y Handelsman, J. (2012). «Science faculty's subtle gender biases favor male students». *Proceedings of the National Academy of Sciences 109*, n.º 41, pp. 16474-79.

53. Correll, J.; Park, B.; Judd, C. M. y Wittenbrink, B. (2002). «The police officer's dilemma: Using ethnicity to disambiguate potentially threatening individuals». *Journal of Personality and Social Psychology 83*, n.º 6, pp. 1314-29.

54. Lord, C. G.; Ross, L. y Lepper, M. R. (1979). «Biased assimilation and attitude polarization: The effects of prior theories on subsequently considered evidence». *Journal of Personality and Social Psychology 37*, n.º 11, pp. 2098-109.

55. Kahan, D. M.; Peters, E.; Cantrell Dawson, E. y Slovic, P. (2017). «Motivated numeracy and enlightened self-government». *Behavioural Public Policy 1*, n.º 1, pp. 54-86.

56. Marsh, J. K. y Ahn, W. (2009). «Spontaneous assimilation of continuous values and temporal information in causal induction». *Journal of Experimental Psychology: Learning, Memory, and Cognition 35*, n.º 2, pp. 334-52.

Capítulo 7: Los peligros de adoptar un punto de vista

57. Kruger, J.; Epley, N.; Parker, J. y Ng, Z. (2005). «Egocentrism over e-mail: Can we communicate as well as we think?». *Journal of Personality and Social Psychology 89*, n.º 6, pp. 925- 36.

58. Savitsky, K.; Keysar, B.; Epley, N.; Carter, T. y Swanson, A. (2011). «The closeness-communication bias: Increased

egocentrism among friends versus strangers». *Journal of Experimental Social Psychology 47*, n.º 1, pp. 269-73.

59. Birch, S. A. J. y Bloom, P. (2007). «The curse of knowledge in reasoning about false beliefs». *Psychological Science 18*, n.º 5, pp. 382-86.

60. Newton, L. (1990). *Overconfidence in the communication of intent: Heard and unheard melodies*. Universidad de Stanford: Tesis doctoral sin publicar.

61. Garcia, S. M.; Weaver, K. y Chen, P. (2019). «The status signal paradox». *Social Psychological Science 10*, n.º 5, pp. 690-96.

62. Wu, S. y Keysar, B. (2007). «The effect of culture on perspective taking». *Psychologycal Science 18*, n.º 7, pp. 600-606.

63. Pan Ding, X.; Wellman, H. M.; Wang, Y.; Fu, G. y Lee, K. (2015). «Theory-of-mind training causes honest young children to lie». *Psychological Science 26*, n.º 11, pp. 1812-21.

64. Adida, C. L.; Lo, A. y Platas, M. R. (2018). «Perspective taking can promote short-term inclusionary behavior toward Syrian refugees». *Proceedings of the National Academy of Sciences 115*, n.º 38, pp. 9521-26.

65. Eyal, T.; Steffel, M. y Epley, N. (2018). «Perspective mistaking: Accurately understanding the mind of another requires getting perspective, not taking perspective». *Journal of Personality and Social Psychology 114*, n.º 4, pp. 547-71.

66. Comer Kidd, D. y Castano, E. (2013). «Reading literary fiction improves theory of mind». *Science 342*, n.º 6156, pp. 377-80.

67. Camerer, C. F.; Dreber, A.; Holzmeister, F.; Ho, T.; Huber, J.; Johannesson, M.; Kirchler, M. *et al.* (2018). «Evaluating the replicability of social science experiments in *Nature* and *Science* between 2010 and 2015». *Nature Human Behaviour 2*, n.º 9, pp. 637-44.

68. Baron, J. (2000). *Thinking and deciding*. Cambridge: Cambridge University Press. El debate sobre la irracionalidad del descuento por demora se fundamenta en este libro.

69. Mischel, W.; Ebbesen, E. B. y Raskoff Zeiss, A. (1972). «Cognitive and attentional mechanisms in delay of gratification». *Journal of Personality and Social Psychology 21*, n.º 2, pp. 204-18.

70. Watts, T. W.; Duncan, G. J. y Quan, H. (2018). «Revisiting the marshmallow test: A conceptual replication investigating links between early delay of gratification and later outcomes». *Psychological Science 29*, n.º 7, pp. 1159-77.

71. Falk, A.; Kosse, F. y Pinger, P. (2020). «Re-revisiting the marshmallow test: a direct comparison of studies by Shoda, Mischel, and Peake (1990) and Watts, Duncan, and Quan (2018)». *Psychological Science 31*, n.º 1, pp. 100-104.

72. Grosch, J. y Neuringer, A. (1981). «Self-control in pigeons under the Mischel paradigm». *Journal of the Experimental Analysis of Behavior 35*, n.º 1, pp. 3-21.

73. Tversky, A. y Shafir, E. (1992). «The disjunction effect in choice under uncertainty». *Psychological Science 3*, n.º 5, pp. 305-10.

74. Joshi, P. D. y Fast, N. J. (2013). «Power and reduced temporal discounting». *Psychological Science 24*, n.º 4, pp. 432-40.

75. Hardisty, D. J. y Weber, E. U. (2009). «Discounting future green: money versus the environment». *Journal of Experimental Psychology: General 138*, n.º 3, pp. 329-40.

76. Hershfield, H. E.; Goldstein, D. G.; Sharpe, W. F.; Fox, J.; Yeykelis, L.; Carstensen, L. L. y Bailenson, J. N. (2011). «Increasing saving behavior through age-progressed renderings of the future self». *Journal of Marketing Research 48*, n.º SPL, pp. S23-27.

77. Peters, J. y Büchel, C. (2010). «Episodic future thinking reduces reward delay discounting through an enhancement of prefrontal-mediotemporal interactions». *Neuron 66*, n.º 1, pp. 138-48.

78. Daniel, T. O.; Stanton, C. M. y Epstein, L. H. (2013). «The future is now: Reducing impulsivity and energy intake using episodic future thinking». *Psychological Science 24*, n.º 11, pp. 2339-42.

79. Goodwin, R. D.; Weinberger, A. H.; Kim, J. H.; Wu, M. y Galea, S. (2020). «Trends in anxiety among adults in the United States, 2008-2018: Rapid increases among young adults». *Journal of Psychiatric Research 130*, pp. 441-46.

80. Miller, G. E.; Yu, T.; Chen, E. y Brody, G. H. (2015). «Self-control forecasts better psychosocial outcomes but faster epigenetic aging in low-SES youth». *Proceedings of the National Academy of Sciences 112*, n.º 33, pp. 10325-30.

81. Brody, G. H.; Yu, T.; Chen, E.; Miller, G. E.; Kogan, S. M. y Beach, S. R. H. (2013). «Is resilience only skin deep? Rural African Americans' socioeconomic status-related risk and competence in preadolescence and psychological adjustment and allostatic load at age 19». *Psychological Science 24*, n.º 7, pp. 1285-93. Unos investigadores hicieron un seguimiento de un grupo de adolescentes socioeconómicamente desfavorecidos.

82. Uziel, L. y Baumeister, R. F. (2017). «The self-control irony: Desire for self-control limits exertion of self-control in demanding settings». *Personality and Social Psychology Bulletin 43*, n.º 5, pp. 693-705. Se seleccionaron a estudiantes universitarios que no estaban necesariamente en una situación socioeconómica desfavorecida.

SOBRE LA AUTORA

Woo-kyoung Ahn es Catedrática de Psicología John Hay Whitney en la Universidad de Yale. Tras doctorarse en Psicología por la Universidad de Illinois, Urbana-Champaign, fue profesora adjunta en la Universidad de Yale y profesora asociada en la Universidad de Vanderbilt. En 2022, recibió el Premio Lex Hixon de Yale a la excelencia docente en ciencias sociales. Su investigación sobre los sesgos del pensamiento ha sido financiada por los Institutos Nacionales de Salud. Es miembro de la Asociación Americana de Psicología y de la Asociación para la Ciencia Psicológica.